団地へのまなざし

ローカル・ネットワークの構築に向けて

岡村圭子
Okamura Kayko

新泉社

団地へのまなざし　ローカル・ネットワークの構築に向けて

目次

序章

団地への視角

1　高度経済成長の文化遺産としての「団地」

一九八〇年代、住宅難と通勤地獄を解消するために、職住分離を「理想的生活」とする論調があった。政財官一体の国土開発を推し進めるべく制定されたリゾート法[*1]（一九八七年六月施行）の後ろ盾となったマルチ・ハビテーション構想（複数地域居住政策）では、サラリーマンの「金帰火来」、つまり企業戦士として都会で働く夫は都心部のセカンド・ハウスで平日を過ごし、金曜日の夜に地方のリゾート地に構えた「本宅」に住む妻子の元へ帰る、という政治家同様の居住パターンが推奨されていた［佐藤誠 1990:21-23, 170-171］。

これを現代的な感覚から解釈すれば「ワンオペ育児推奨構想」とでもいえようか。住宅・都市政策を研究する佐藤誠は著書『リゾート列島』のなかで、「妻子を疎開させ、都心で企業戦士は後顧の憂いなく「極度な頭脳労働」（竹下首相）に専念せよ、ということが、リゾート政策の主要眼目」だという首相答弁を聞いて、「核家族の核分裂を肯定する政府とは、国民にとって一体何なのだろうか」と「ショックを受けた」と述べている［Ibid.:22］。

結局は失敗に終わったリゾート法だが[*2]、高度経済成長期、日本の正規雇用ホワイトカラーの多くは、寝に帰るだけのベッドタウンから毎朝ラッシュのなかを通勤し、いわゆる「モーレツ社員」として職場中心の生活をしてきた。一九八八年に発売された栄養ドリンクのCMが謳うように、二四時間職場で戦うサラリーマンたちにとって地域活動や家事・育児への参戦はきわめて難しかった。[*3]

このような就労形態やライフスタイルは、強固な性別役割分業や交通・住宅インフラ、制度的・法的なバックアップによって成り立っていた。家事・育児へ参加する男性や就労する女性が増加し、ブラック企業や過労死、サービス残業などが社会的問題として認知される現代において、マルチ・ハビテーション構想や栄養ドリンクのCMに描かれたような生活を「理想的」だと強調する声があれば、すぐさま非難の的になるだろう。リゾート法の時代とは違い、近年の社会的・政治的な動向としては――たとえそれが「タテマエ」であったとしても、そして実際には利用しにくい制度であったとしても――家事・育児、介護や地域活動への参加を男性にも促すような諸制度が整えられつつある。[*4]

マルチ・ハビテーション構想は、平日の家族の別居を肯定的に捉えているが、近年ではその逆のパターン、すなわち家族の同居を前提に、過疎化が進む地方への移住や就職を後押しする地方自治体もある。そこでは、地域振興策のひとつとして、若年層や退職者のIターンやUターン就職を支援したり、子育て世帯の地方移住をサポートする窓口を開設するなど、さまざまな取り組みがなされている。[*5] マルチ・ハビテーション構想が出された時代とは、家族のあり方や働き方の理想の姿がかなり変わってきていることがわかる。

このような社会の変化のもとで、高度経済成長期に会社中心の生活を送ってきた男性たちは、会社員の肩書きを失った定年退職後、どうなったのだろうか。職場から解放され自由の身になった彼らが活躍できる居場所は家庭にも地域にもなくなっていた。失った居場所を取り戻すべく、元企業戦士たちは、再雇用や地域貢献という新たな道を模索している。[*6] 定年を迎えた夫をもつ妻たちも同じである。夫との離婚や死別、自身や家族・親族の病気や介護による転居、また老朽化した集合住宅の建替えによって、住み慣れたところから離れ、これまでの生活を大きく変えなくてはならない状況に置かれている。

そういったライフスタイルの変化を難なく受け入れ、柔軟に適応するひともいるが、少なからず戸惑いや葛藤、孤独や喪失感の渦に巻き込まれているひともいる。

本書のテーマである「団地」は、そうした時代の変化をまさに体現している場所である。高度経済成長期に建設された団地は、建物の老朽化にともない、二〇〇〇年代以降、建替えがはじまった。そこで顕在化した問題から見えてくるのは、たんに居住環境のインフラ再整備のことだけではない。団地という建物・敷地を擁する地域全体の街づくりの将来的な方向性や地域住民のライフスタイルそのものが関わる「社会的な」課題であり、さらにいえば少子高齢化を前提にした社会構造や人間関係のあり方、死生観をも問い直す、きわめて根源的な論題なのである。

社会のなかで自分をどう位置づけたいか、自分の居場所はどこか、どういった生活が理想的か、どのように人生の幕を引きたいか。それぞれの価値観・死生観を尊重した選択を可能にする社会であるためには、交通・情報のインフラや住居の間取りや、[*7]地域内の公園や商店街の配置といった生活の基盤が必須であり、それと同時に、土地所有や相続に関する法律、金融システム、労働形態、教育や福祉サービスに至るまで、あらゆる制度的バックアップも必要である。だとするならば、団地の建替えは、たんに「古い建物を壊して新しくつくり替えた」という話ですまされるはずはない。とくに団地居住者にとって建替えは、慣れ親しんだ風景や生活、交友関係が一気に変わることを意味している。その変化に適応しようとすれば、おのずとライフスタイルも建替え前のそれとは違ってくる。

かつてとは違う団地の姿がそこにある。しかし、それは経済成長神話の「結末」ではなく、物語の続編の幕開けであり、現在進行形の私たちの物語でもあるのだ。だからこそ、高度経済成長期に生まれた団地を過ぎ去った思い出として葬り去るのではなく、過去から現在にいたる延長線上で捉えなくてはならない。そうすると、団地は過去から託された遺産のひとつであるという見方もできるだろう。団地は、たんなる過去の遺物ではなく、現在そして未来を見通すための現代の文化遺産なのである。

2 日常の記憶を記録する

さて、団地が文化遺産だと主張してはみたものの、一部のリノベーション物件は別として、団地の多くは次世代に継承されるどころかつぎつぎに建て替えられているのが現状だ。しかもあまりに日常的で身近な存在であるためか、団地は記録・保存する対象としても意識されにくい。幸いにも、本書で取り上げる草加松原団地（以下、松原団地）には元新聞記者や住宅公団関係者が入居していたため、写真資料が整理されて残っているが、それでも団地の日常は風景の移り変わりとともに忘れ去られつつある。だからこそ筆者は、団地研究のもうひとつの側面として、ローカルな記憶や情報の蓄積・記録という点に関心を寄せる。*8

アーキビストの小川千代子はつぎのように述べている。「「残す」ということは、チカラ＝権力の大小により実現の可否が左右されるという側面があることを忘れてはならないと思った。残せるか否か、これが問題なのである。資料を残すチカラを発揮できなければ、その資料が抱く情報はそれ以上誰にも伝わらない」［小川 2007:204］。権力の中枢に位置づけられてこなかったひとびとについての記録――たとえば、少数言語の発音や少数民族の習俗、身体的・社会的に抑圧されてきたひとびとの声や言葉――を、躍起になって残そうとする研究者や専門家は、そのことをよく承知しているのだ。

情報を残す、という点について、小川はもうひとつ重要な指摘をしている。それは電子媒体の脆弱性だ。あらゆる情報を記録するメディアとして、現在、もっとも重宝するのは、利便性や速報性に優れた電子媒体である。電子媒体に記録されたデータは、入力・出力がしやすく、重量もなく、送受信・蓄積・検索もしやすいので、その利便性は評価できよう。しかしそれは「未来の世代に引き継ぐための媒体ではない」[小川 2003:208]。和紙に墨で書かれた五〇〇年前の文字や四〇〇〇年前のエジプトのヒエログリフは今も見ることができる一方で、現在の電子記録媒体は三〇年の耐用年限さえ期待できず、なおかつ記録媒体の劣化の仕方が「突然見えない状態」になるという特徴があるからだ[Ibid.:116]。

情報は、記録・保存され、なおかつ検索しやすいように整理されなければ、継承されることもなく、最初から「無い」ものとして扱われる。個人的記憶も、だれかが記録し、アクセス可能な状態に整理しておかなければ、いつか消滅する。とくに自分の住んでいる地域にまつわる個人的な記憶は、あまりに身近で日常的であるため記録されにくい。記録に値しないと判断されることもあるだろうし、個人情報保護の理念のもとに埋もれてしまうことさえあるだろう。

自宅周辺のかつての様子や取り壊された店舗の以前の姿を思い出そうにも思い出せない、写真も資料も残っていない、といった経験がだれしもあるだろう。しかし、個人の記憶や日常の風景が公的な記録や特別な日の風景よりも軽んじられる理由はない。いやむしろ、そういった記憶のなかに見え隠れする「なにか」にこそ、現在を、そして未来を語るヒントが隠されているのかもしれない。

ローカル・メディアの編集者たちは、地元に根差したメディアをつくり、町の商店主や古くからの住民への聞き取りを続け、インターネットで検索できないような情報を地道に収集・記録し、社会に発信している。それは地域（地元）への愛着を醸成するためであったり、みずからの地元愛を再確認するためであったりする［岡村 2011］。しかしそれだけでなく、将来的には地域の未来をつくるためでもあるのだ。松原団地の記録を、あえてこの紙媒体に（書籍として）残すことの意義は、高度経済成長期の文化遺産を継承することであり、これからの私たちの社会が向かうべき方向を考えるためでもある。

3　草加松原団地の概要

団地についての明確な定義はないが、一般的には、第二次大戦後の住宅不足を解消するために建設された集合住宅（公団住宅）のことを指したのがはじまりであった。主に中高層の住棟をはじめテラスハウス形式（一階または二階の低層住宅）の住棟やスターハウス（上から見るとY

字型をした四、五階建ての住棟）がある。[*9] 日本住宅公団（現・UR都市機構）によって大規模団地が建てられ、入居が始まったのが一九五八年。時期を同じくして「団地族」という言葉も流行した。

団地は時代のうねりのなかに身を置いてきた。第二次大戦後、「住宅難と資金難の中で生産コストを削減し、労働者の休息という機能を果たす住宅を大量生産し供給することは、日本だけでなく世界のあらゆる都市で採択された、戦後復興期の時代的要求であった」が［朴 2019:70-71］、その「時代的要求」に翻弄されてきたのが団地であった。

団地が建設されはじめた当初、入居にあたっては高い抽選倍率があり、また高所得世帯であることが条件であった。しかし現在は、低所得世帯や高齢者の入居も多くなり、団地に対する一般的なイメージは、かつてのそれとはかなり違ってきている。日本社会全体で郊外化と都市化が進み、団地という居住空間の社会的位置づけや団地のなかで展開される人間関係が変わってきたからだ。

本書で取り上げる松原団地は、典型的な郊外のマンモス団地のひとつである。日本住宅公団が、一九六一年から水田・湿地帯を開発・造成して建設した松原団地は、埼玉県草加市北部の国道四号沿い（最寄り駅は東武伊勢崎線「獨協大学前」）に位置している。一九六二年一二月に入居が開始された当初は、五九二六戸を有する「東洋最大規模」といわれた賃貸集合住宅であった。敷地はA～D地区の四つに分かれ、それぞれの住区に商店街や集会所があった。

入居開始直後の家賃は八〇〇〇円から一六〇〇〇円（別途、共益費六〇〇円）で、共益費から外灯電気代、清掃、公園の砂場の手入れ、害虫駆除などが賄われていたという［横山 2013］。大卒の初任給が一八〇〇〇円程度の時代に、家賃の五・五倍以上の世帯収入が入居条件で、なおかつ高い抽選倍率だったことからもわかるように、だれしもが入居できる住宅ではなかった。草加の郷土史に関する著作を発表している横山正明は、「冠婚葬祭でもなければネクタイにスーツ姿の人間などついぞお目にかかれなかった」ような田園地帯に、松原団地が突然出現したことは「まさしく黒船の到来のようなできごとだった」と表現している［Ibid.:48］。

松原団地の設計に携わった唐崎健一は、松原団地全体のデザインを決めるうえでこだわったのは、住民が「最も大きな拠り所」とする「各種の団地内施設の利用圏とその配置」であったと述べている［唐崎 2010:54-55］。それぞれの住区の中央には商店街、集会所、幼稚園や保育所、診療所などを配置し、「最も近い施設を利用するとは限らないから、駅前から各住区を結ぶ歩行者の主動線の上に各住区のセンターを置いて選択利用しやすくした」［Ibid.:55］。

さらに唐崎は、団地全体の設計にあたってつぎのように工夫したと述べている。ひとつは、「外側は硬く、内側は軟らかく」というコンセプトのもとに「住棟の外側は中層住宅を壁状に配置し、内側にはテラスハウス、ポイントハウス、施設、オープンスペース、植栽等を配置」

写真1-1　1965年頃の草加松原団地（提供：UR都市機構）
右手下方が東武伊勢崎線「松原団地」駅、団地の左手に沿って伝右川が流れる。

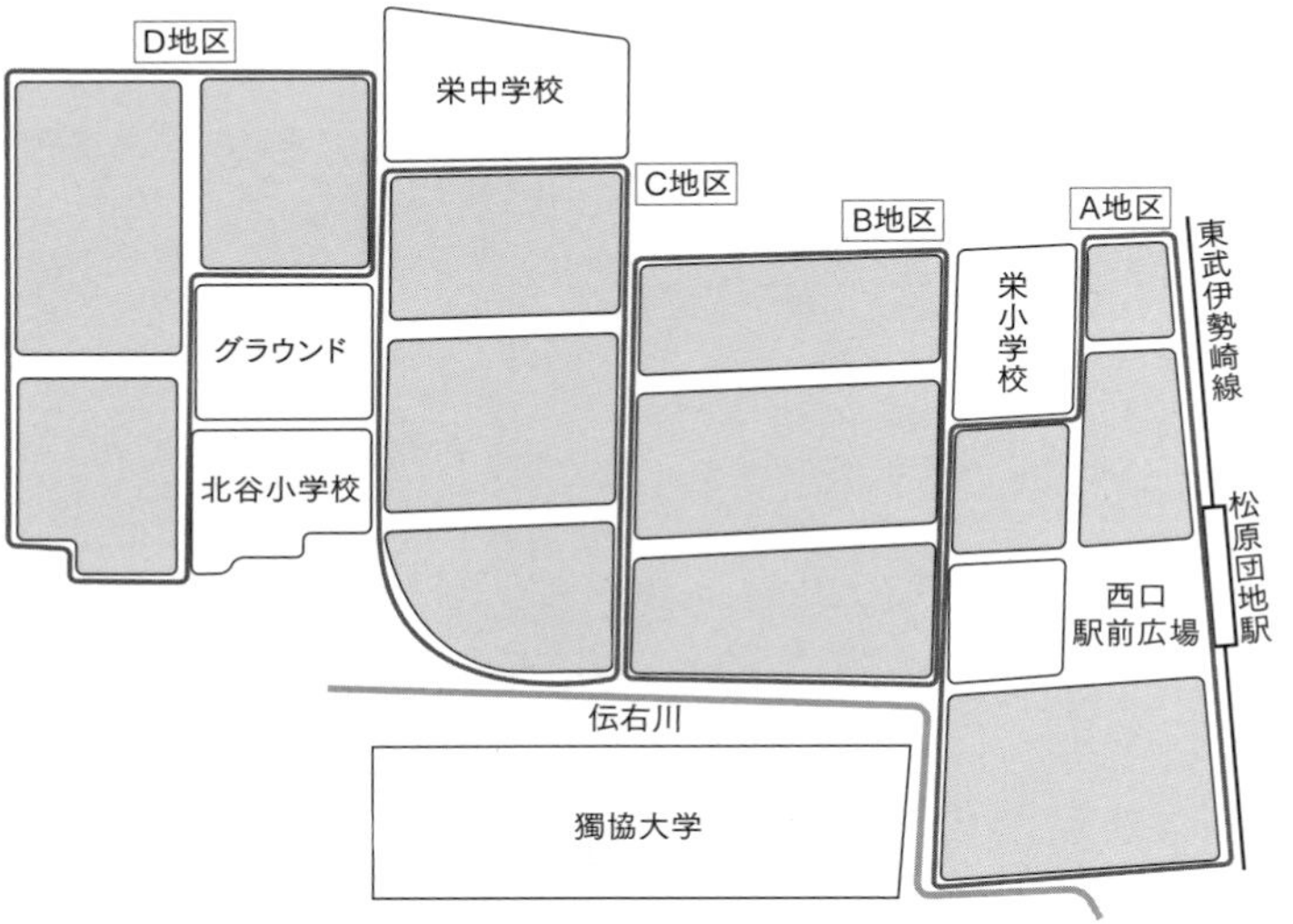
D地区
栄中学校
C地区
B地区
A地区
東武伊勢崎線
グラウンド
栄小学校
北谷小学校
松原団地駅
西口
駅前広場
伝右川
獨協大学

草加松原団地

図1-1　草加松原団地図

したこと。もうひとつは、同じような形状の住棟がずらっと並んでいて「わが家を間違えるということも笑い話ではない状況」であったため、住宅の外壁を四つの住区のひとつ置きにグレー系とベージュ系に色づけたことである［Ibid.:55］。

このような設計上の工夫をこらしたものの、住民からは「理屈っぽくて面白みのない団地」という声があったが、他方では「子供を育ててみて良さが分かった」といった評価もあったという［Ibid.:54-55］。

松原団地の歴史で特筆すべきは、しばしば起こった冠水被害である。団地が建設されてしばらくは周辺に芦が生い茂っていたことからもわかるように、この土地は低湿地帯で、一九九〇年代に綾瀬川放水路が整備されるまで、たびたび水害に見舞われている（これについては、本書第3章で詳細に取り上げる[*10]）。

松原団地自治会が発行した『松原団地四〇年の歩み』の巻末年表には、一九七三年七月の台風八号で団地全域が冠水、一九七九年一〇月の台風二〇号で団地の九割が冠水、一九八二年九月の台風一八号で団地全域が三日間水没、一九八六年八月の台風一〇号で団地全域が水没、一九九一年九月の台風一八号で団地全域が浸水した、とある。当時の団地を知る人たちの多くにとって松原団地はまさに「水の都[*11]」だった。

大人の腿の高さまで出水したことや都心への通勤者が履き替えた長靴が朝の松原団地駅の階

段の手すりにずらっとぶら下がっていたこと、水が引いた後はドジョウが道路でピチピチはねていたことなど、水害に関する思い出は松原団地住民の、そして近隣住民や周辺に通勤通学していたひとびとの思い出の一断片となっている。[*12]

水害のときは、ガスも上下水道もまったく機能しない、小さい子どもたちを抱え避難することもできない状況のなか「東京ガス（のスタッフ）がボートで運んできてくれた配給物資（おにぎり）を、うちは娘だけだから一つずついただいて、育ち盛りの男の子がいる家庭にいくつか譲った」ことや「階上の住民が階下の住民を気遣ってお手洗いを流さないようにしてくれた（流すと溢れてしまうので）」といった思い出話は尽きることがない。

一九九六年に綾瀬川放水路が整備されてからは、綾瀬川や伝右川の氾濫による冠水被害はほとんどなくなったが、今度は、建物やインフラの老朽化と高齢化といった案件が持ち上がってきた。UR都市機構は、建物や施設が老朽化したことに加え、時代のニーズに対応するために二〇〇三年三月に松原団地の建替え事業に着手した。[*13] 一連の建替え事業とそれにともなう旧住民の住替え（戻り入居）が二〇一八年九月に完了した。二〇一九年一〇月現在、すべて建物は取り壊され、B地区の一部は松原団地記念公園となり（二〇一五年開園）、A地区、C地区には、新たに高層集合住宅が建設された。

最寄り駅の西口前には三〇階建ての「ハーモネスタワー松原」（UR都市機構が一九九九年に

管理開始）があり、ランド・マーク的な存在となっている。B地区には八〜一三階建ての賃貸住宅「コンフォール松原」（UR都市機構が二〇〇八年に管理開始）や分譲マンション「ソライエ草加松原シティテラス」（売主は住友不動産と東武鉄道、二〇一八年五月完成）が建設された。[*14] また、A地区にはURが管理するコンフォール松原のほか、南側には総戸数二五五戸のマンション「ソライエ草加松原」（売主は東武鉄道、二〇一三年一一月完成）と特別養護老人ホーム（二〇一三年四月開所）、埼友草加病院（二〇一六年二月に現在地に移転）が建設された。

URによると、建替えによって旧松原団地からコンフォール松原に住み替えた住民は約七割で、[*15] 草加市の人口調査のデータから推察すると、その多くは高齢者であることがわかる。

建替えの動きが松原団地の高齢化率の上昇の一要因となったことが指摘されている。松原団地の建替え事業にともなう高齢住民の社会関係の変化を調査した松本由宇貴と宮澤仁は、A地区に該当する松原一丁目はほかの地区（丁目）にくらべて、二〇〇五年時点、二〇歳未満と五〇歳以上の年齢層において「大きな転出超過状態」にあったと指摘する。つまり、建替えにともなって団地外へ引っ越していった人は、子どものいる世帯と中高年世帯が多かった。比較的若い居住者は建替えを機に松原団地から転出していったことがうかがえる。一方、建て替えられた住宅への一部移転が始まった二〇〇〇年代後半、BおよびC地区からA地区への移転は高齢者世帯が多く、二〇一〇年時点の松原一丁目（A地区）の高齢化率は三一・三パーセントであった［松本・宮澤 2012:46-47］。

居住棟や設備が新しくなるにもかかわらず、若い世帯や子どもをもつ世帯が団地から出ていった理由については今後詳細な検討が待たれるが、[*16]本書では高齢の住民が団地にとどまる選択したことの背景にある社会関係（近所付き合い）や社会活動（ボランティア活動）に注目したい。

4 団地の研究史

団地を対象とした研究はこれまで多く蓄積されている。研究者・調査者の関心の方向性や論点もさまざまである。以下、先行研究の一部を挙げておこう。

建築・建設の分野では、すでに戦後間もない一九四九年に『コミュニティへの道――都市計画－團地住宅經營』（建設大臣官房広報課編）、翌年に『設置計画の技法――一団地住宅計画』（住宅建設協会編）が、一九五三年には『住宅建設要覧――公営住宅の一団地建設のための設計資料』（建設省住宅局編）が発行されている。『住宅建設要覧』は、住棟の配置計画やインフラ整備から街路樹の効果的な選定方法や団地の管理・経営の仕方にいたるまで、事細かに説明した分厚い指南書である。

一九五〇年代半ばからは、日本住宅公団が本格的に調査研究の結果を発表し、一九五六年以降は『日本住宅公団年報』が各年度で発行されている。さらに、一九五六年の『団地に於ける共同施設の種類・規模及び経営についての研究』（建設省建築研究所第一研究部編）、『大都市及びその周辺に於ける住宅団地の立地に関する研究』（高山英華、一九五六年）、『集合住宅団地内空地ノ緑化方ニ関スル研究』（横山光雄ほか、一九五六年）、『光が丘団地の立地条件と施設、整備について』（一九五六年）など、大規模団地がつぎつぎと開発される時代の幕開けを象徴するような研究が発表されている。

建築学においては、一九六〇年代には、「どこまで自分の街だと思うか」といった空間認識についての調査もされていたが[*17]、多くは、団地の「ハコ」としての要素・特徴に研究関心が向けられていた。上記の文献や住宅公団の年報以外は、団地という建物や敷地の構造、団地の居住設備・居住空間に関する研究（ハードの側面の研究）が多い。

一方、団地住民の生活やそこで構築される人間関係（コミュニケーション）のあり方、いわばソフトの側面に着目しはじめたのが、磯村英一や大塩俊介をはじめとする都市社会学者らであった。磯村らは、東京都立大学（現・首都大学東京）社会学研究室の研究活動として「団地生活と住意識の形成」（一九五八年、『居住形式と人間関係に関する研究』第一集）を発表。そこでの研究成果は、その後の団地に関する社会学的研究の礎となった。

都市社会学、老年社会学をはじめとする社会学分野における団地研究では、おもに伝統的コミュニティの崩壊から再構築に至る過程（団地内での新たなコミュニティの生成）について、あるいは高齢の団地居住者の生活実態や人間関係に関心が寄せられた。

人為的コミュニティであった団地の社会は、一九六〇年代の社会学者にとってはきわめて興味深いものであっただろう。一九六三年に発行された『都市問題研究』（一六一号）の特集は「団地社会」である。地縁血縁によって、または自然発生的に成り立つ旧来のコミュニティ概念を再考するうえで、新たなタイプの都市的な地域コミュニティの事例としての団地はまさにうってつけの事例だったのだ。

社会学的なアプローチに関しては、もうひとつの潮流も見逃すわけにはいかない。フェミニズムや家族社会学の分野における団地研究である。そこでは、公団住宅の間取りと性別役割規範との関係や家族の実態と現実的な住居形態との不一致などが批判的に検討されている。[*18] 上野千鶴子は、「規範と実践の間のズレ」に注目し、「家族が住む「ハコ」の中で指定されている機能的ゾーニングと実際の使われ方とのあいだ」のギャップを批判する[*19]［上野 2002:7］。公団住宅の「51C型」と呼ばれるnLDKの基本プランは一九五一年に完成したもので、nは家族数マイナス一、つまり夫婦はひとつの寝室で、それとは別に子どもの数の個室、そして共有スペースといった間取りである。上野は、この基本プランが完成してから五〇年以上、日本社会の家族構成や女性の社会的位置づけ、夫婦関係のあり方などが大きく変化しているにもかかわらず、この規格はほとんど変わっていないこと、つまりハコと中身が一致していないということを指摘し、新たなプランを（たとえば（n+1）LDK住宅などを）提案する。[*20]

団地そのものに関する研究ではないが、地域メディア論において、団地族の出現が新しいスタイルのメディアを生み出したという指摘もある［田村 2007］。団地族（あるいは「ダンチ族」）とは、一九五八年頃からメディアで使われてきた言葉で、団地に居住する高所得のホワイトカラーとその家族のことを指す。[*21] 彼らは余暇活動の大衆化を牽引し、活発な消費活動を展開した、まさに近代の大衆消費社会の申し子であった。地域や趣味に関する情報にも敏感な彼らの活動は、一九六〇年代、相次いで余暇活動・消費活動の情報を提供するミニコミやタウン誌が創刊されたこととも関係している。独自の流通ネットワークをもった新しいスタイルの地域メディアは、団地族にさまざまな情報――行政サービスからイベント、ショッピング情報に至るまで――を提供したのである。

田村紀雄は、そうしたミニコミやタウン誌の発行人たちがプロの編集者ではなく「団地に住み、ほかに仕事をもつ、たいていは学校や企業に勤めるホワイトカラーや教師たち」だったことに注目し［田村 2007:10］、フリーペーパーの嚆矢は「団地族の出現」にあると述べている。[*22] つまり、新中間層である団地族は、「在来の旧住民に比し、娯楽、文化、政治、教育への関心が高かった」ため［Ibid.:12］、そういった新たな媒体を発行することもできた。旺盛な消費活動をする団地族は、行動様式や消費形態においてそれまでの山の手や下町とは明らかに異なった団地文化を形成していたのだ。[*23]

団地族の現在の状況を伝えているのが、小池高史『「団地族」の今』（二〇一七年）や朴承賢『老いゆく団地』（二〇一九年）である。これらの研究では、団地における高齢化の問題を、データやインタビューを駆使して詳細に検証している。

近年の団地研究のもうひとつのキーワードは、外国人住民である。移民労働者に関する知見を取り入れつつ、現代の団地が抱える問題にアプローチしている安田浩一『移民と団地』（二〇一九年）は、海外の事例も交えながら、現代の日本の団地における多国籍・多文化の共生の問題を考察している。[*24] 実際に外国人住民の多い団地に居住しながら団地が抱える多文化共生の問題を解決すべく模索しているのが、朝日新聞記者の大島隆による『芝園団地に住んでいます』（二〇一九年）である。大島は、観察者と自治会役員（住民）という二つの視点から、芝園団地の日本人住民が外国人に対してもつ「感情」の根源をさぐりつつ、団地の変化や現状を冷静に見つめている。

建築学的な視点で、団地という居住空間の将来性や可能性に期待をよせている研究もある。実践的なアプローチとしては、日本住宅公団の元職員、増永理彦による『UR団地の公的な再生と活用――高齢者と子育て居住支援をミッションに』（二〇一二年）がある。そこではUR住宅の社会的な需要に目が向けられ、URという組織が置かれた状況やその歴史をふまえつつ、URへの提言がなされている。

さらに、篠沢健太・吉永健一『団地図解――地形・造成・ランドスケープ・住棟・間取りから読み解く設計志向』(二〇一七年)では、「豊かな住空間」としての団地がいかに熟慮されたうえで設計されているかを専門的に解説している。著者のひとりである建築家の吉永は、少子高齢化や老朽化といった団地のネガティヴなイメージが、実際に団地に足を踏み入れてみたことによって「大きく覆された」という。そして「リノベーションすべきは団地の見方なのだ」という斬新な見解を述べている[吉永 2017:128]。

ところで二〇〇〇年代後半以降、団地研究をめぐっては興味深い動きが出てきた。日本各地の団地(公団)がいっせいに建替えの時期を迎えるのに呼応したかのように、団地研究の裾野が一気に広がっていった。学術的な研究会ではなく、「団地愛好家」や「団地マニア」と呼ばれるひとびとが中心となり、団地の魅力を徹底的に語るイベントが開催されるようになったのである。その嚆矢となったのは、二〇〇七年九月、前出の吉永をはじめとする建築家や団地愛好家らによる研究グループ「プロジェクトD」主催の「大団地博覧会(通称ダンパク)」である。さらに二〇一〇年一二月、新宿ロフトプラスワンのトークイベントにおいて、大山顕、佐藤大、速水健朗による団地好きユニット「団地団」が結成された。

二〇〇八年八月九日付の朝日新聞には、自他共に認める団地愛好家（団地マニア）の照井啓太がインタビューに答え、団地の魅力が注目されることを「懐古趣味的な「昭和ブーム」と一緒くたにされることは心外である」と述べているが[*25]、彼らの団地への関心は一過性のものではなかった。昨今も『団地図解』（二〇一七年）、『団地の給水塔大図鑑』（二〇一八年）などが出版されつづけている。

団地への関心の高まりを、さらに広い世代・分野に波及させ、研究対象の一つとして団地を広く一般に認知させたのは、歴史・政治学者の原武史による一連の著作『滝山コミューン一九七四』（二〇〇七年）、『団地の空間政治学』（二〇一二年）、『レッドアローとスターハウス』（二〇一二年）によるところが大きい。

団地という生活空間と、団地と都心部を結ぶ鉄道が、政治的な枠組みのなかにどう位置づけられてきたのか、歴史的資料の緻密な分析と団地に居住していた原自身の経験にもとづいた論考は、団地から社会を、そして歴史を見るという独特の切り口で、団地をめぐるさまざまな利害関心や政治的戦略から当時の世相をあぶり出している[*26]。

原は、子どもの頃にすごした滝山団地に対しては「暗く苦いものとして、にもかかわらず奇妙な懐かしさを伴わずにはいられないものとして、この三十年間、ずっと奥底に沈澱したままになっている」と述べているが［原 2007b:19］、こうした団地に対する複雑な思いや団地の姿の多面性こそが、団地研究の魅力なのかもしれない。

5 本書の構成

以上のように団地をめぐる研究関心は、学問分野や時代によってさまざまであるが、実際に団地で育った世代、もしくは団地を身近に感じながら成長した世代の団地へのまなざしは、以前のそれとは異なっている。そして、そういった時間の流れのなかで「団地」という記号もまた変化しつづけてきたのである（団地を記号として扱った考察については第1章を参照）。

それゆえ、団地の「実態」とは別に、団地イメージをめぐるさまざまな言説やその変遷を追うことが重要になってくる。団地という記号の多様性から団地の社会的位置づけが見えてくるからだ。

本書は、画一的で閉鎖的な空間として語られることが多い団地で展開されている社会的ネットワーク（人間関係）に着目し、松原団地を事例に、団地というGemeinschaft的でもあり、Gesellschaft的でもある居住の実態をさぐり、団地の社会的位置づけ（結節点としての団地の姿）を考察することがねらいである。

前半では、「団地」と呼ばれる場所が社会のなかでどうイメージづけられ、価値づけられているのかについて、団地をひとつの記号として捉えながらさぐってみたい。団地は核家族を包み込む「ハコ」で、身体的・心理的な距離の近さによって家族の情緒的な関係性を包み込む反面、母子の孤立や高齢者の孤独死を誘発する器としてイメージされてきた。あるいは団地は同じような家族構成・学歴・年齢の者同士が集まった同質的社会であり、現代的な「ムラ」としての閉鎖的空間として描かれ、語られる。その閉鎖性が、ある種の憧憬やエロティシズムの対象となることさえある。

第1章では、「団地」という記号に付与されたさまざまなイメージ、その表象について、映画やテレビ、小説、エッセイなどを手がかりに、そこで描かれた団地に対する羨望、忌避、偏愛について考察したい。

第2章では、松原団地駅の名称変更と松原団地の水害という二つの歴史的出来事を軸に、松原団地についての記憶をたどってみよう。

駅名から団地という文字を消す動きがある一方、団地愛好家によって語られる団地は愛でる対象であり、またリノベーション活用の際に語られる団地には肯定的なイメージが付与される。イメージが現実をつくり出すこともある。だからこそ、不動産会社や土地所有者は躍起になって「イメージアップ戦略」を練るのだ。しかしそれはあくまでイメージであって、そこで想起されるものは、実態とはかけ離れているかもしれない。

そこで後半では、実際に団地の居住者たちが、さまざまな地域的な問題や生活上の問題とどう向き合ってるのか、松原団地を事例に、住民の声を拾ってみたい。

そこから、団地のひとびとのネットワークがどのように形成・維持され、また建替えにともなってどう変化してきたのかを明らかにし、団地がたんなる居住施設としてだけではなく、地域社会にとっての共通の記憶であり、財産であり、またひとびとをつなぐ結節点となっていることを確認したい。

注

＊1　正式名称は「総合保養地域整備法」。室谷正裕によれば、その目的は、自由時間の増大とともに「創造的余暇活動への志向」が高まった国民の「リゾートニーズへの対応」のため、そして「余暇関連産業等の第三次産業を核とした新たな地域振興策を展開」する必要性の高まりにあったという［室谷 1988:5-8］。

＊2　地域振興策としてのリゾート法の問題点や制定の経緯について詳細に分析した岡田一郎は、「民の自発的な取り組みを前提にしない振興策は成功しない」［岡田一 2010:141］という教訓をあらためて強調している。

＊3　栄養ドリンク「リゲイン」のＣＭから流れた「二四時間戦えますか」というフレーズは、一九八九年

の流行語大賞の銅賞にも選ばれた。

＊4　厚生労働省は二〇一〇年六月から、働く男性の子育て参加や育児休業取得の促進のための「イクメンプロジェクト」を実施。詳細は、平成二三年度厚生労働省雇用均等・児童家庭局の委託事業の一環として開設された以下のサイトを参照。http://ikumen-project.jp/index.html（最終閲覧日二〇一二年一〇月二〇日）

＊5　一般社団法人移住・交流促進機構の公式サイトには、全国の自治体が行っている移住者を支援する制度が、二〇一九年度は約四八〇〇件登録され、簡単に検索できるようになっている。https://www.iju-join.jp/feature_exp/popularity/7509.html（最終閲覧日二〇一九年八月一七日）

＊6　「定年男性居場所探し」（『朝日新聞』二〇一〇年一一月二七日）では、退職して「家にいても邪魔者扱い」される男性たちが、人とのつながりを模索する様子を取材している。このような男性たちを主人公にした小説もある。重松清著『定年ゴジラ』では、ニュータウンに住む定年退職後の男性たちの心情がリアルに描かれている。

＊7　住居の間取りやデザインといったハードの側面の変化が社会生活の質的な（ソフトの側面）をも変えることもあるだろうし、その逆もあるだろう。どちらが正解かについては議論の余地があるが、それでも社会学者の上野千鶴子が指摘するように、「人間の用のために空間があるのではなく、空間の特定の配置にあわせて人間の生き方がつくられる」という「空間帝国主義」的な考え方は、明快で暴力的ではあるが「そう定義することで見えてくるものがある」［上野 2002:17］のも確かだ。上野は「異性愛カップルと子どもからなる「近代家族」の規範を空間化した」集合住宅のnLDKモデルが、(n+1) LDKモデルに変化することは「家族の人間関係がなにかしら根底的なところで変化した、と

いうことを示唆してはいないだろうか」と指摘している［Ibid.:22］。

＊8　ローカル・メディアについての議論のテーマは、「地域の」情報とはなにか、「地域を情報化する」とはどういうことか、地域住民が必要としている情報とはなにか、どのようなメディアが将来の地域の街づくりを担っていくのか、ローカル・メディアと地域文化との関係などが挙げられる［岡村2011a］。

＊9　日本におけるテラスハウスは、戸建ての低層集合住宅であるアメリカ式のそれとは異なっている。ただし例外もある。一九五八年から六二年にかけて建てられた都営久米川団地は、西武線沿線に以前からあった木造平屋建ての集合住宅（多摩全生園やジョンソン基地の米軍ハウス）の形式を基本的に踏襲していた［原 2012b:148］。また、青木俊也は、関東大震災後に同潤会によって建設された不燃性アパートや一九四八年に建てられた東京都の公営住宅などを団地の原型として挙げている［青木2001:15］。

＊10　松原団地の南側を東西に流れる伝右川と草加市の治水対策について調査した米山昌幸は、つぎのように述べている。「草加市は、もともと中川・綾瀬川の下流域の氾濫原低地に開けた町である。しばしば水害が起こったために、古くは江戸時代初めから幕府によって利根川・荒川の流路の付け替えが行われたり、綾瀬川も河川改修や流路変更が行われてきた。まさに草加の歴史は治水の歴史であったともいわれる」［米山昌 2014:80］。

＊11　『松原団地四〇年の歩み』（五頁）にあるフレーズ。

＊12　この冠水被害に関しては、松原団地住民のみならず、長く獨協大学に勤めている教職員からも、当時の被害状況や大学の対応、通勤の苦労や救援ボートを大学でも常備していたことなど、いくつもの興

味深いエピソードを聞いた。その聞き取りの詳細については、本書第2章を参照。

＊13 二〇一三年に調査を行った時点では、駅前の東武ストア（二四時間営業）を除いては、団地内の各地区の商店街の店の多くは閉じられていたが、空き店舗にはボランティア団体の事務所が入り、診療所や郵便局、果物や魚を売る店舗、薬局や整体院なども細々と営業し、団地およびその周辺住民のため生活インフラとして機能していた。

＊14 分譲マンション「ソライエ草加松原シティテラス」のパンフレットには、「駅が変わる、街が変わる。」というコンセプトが掲げられ、「大手町駅まで二八分」の「都市型住居地」であることが謳われている。

＊15 松原団地の管理主体であるURに団地ごとの詳細な情報の提供（閲覧）を希望したものの、それらの調査資料を入手することができなかった。その理由は、「URでは特定団地における住民数（世帯数）、住民の年齢、性別、職業、苦情や要望、外国籍住民の人数等、これらにおける過年度からの推移や現状について、統計的な処理を施したデータ」はもち合わせていないこと、さらに、退去した入居者の情報は破棄し、現在の入居者については個別に管理してはいるものの「個人情報に該当するためお答えいたしかねます」とのことであった。

＊16 建替え事業とは関係なく、団地住民のライフコースのひとつとして、ある程度子どもが成長すると、団地周辺の一戸建てや分譲マンションに引っ越すというパターンがある。

＊17 鈴木成文ほかによる「地図による意識空間の調査」（『日本建築学会論文報告集』四〇巻、一九六五年、五六七―）は、居住者が認識している居住空間と「現実とのずれを分析することによって、住宅空間を計画する際に有効な提案をすること」を目的として、高根台団地と松原団地の小学生が描いた

「家から学校までの地図」を分析している。この研究発表の後も、鈴木成文らは「生活領域の形成に関する研究――住宅地における、主婦の空間把握と生活領域」(『日本建築学会論文報告集』号外四一巻、一九六六年)などの一連の研究で、赤羽台、多摩平、高根台、松原の各団地を調査対象地域に挙げ、それぞれの団地の特徴を空間計画という視点から分析している。

＊18 nLDKは、戦後の「近代家族」(異性愛カップルと子どもからなる家族)の理想を実現し、その規範を空間化した究極のモデルで、「一九五〇年代に完成して以来、いまだに耐用年数を保っている」[上野 2002:18]。しかし同時に、「(n+1) LDKは、もっと多様な関係をふくむことができるモデル」であるとして一定の評価をしている[Ibid.:22]。

＊19 「人間の用のために空間があるのではなく、空間の特定の配置にあわせて人間の生き方がつくられる」という考え方を「空間帝国主義」と上野は呼び、この信念をもつ建築家の山本理顕は住宅を「空間化された家族規範」だという[上野 2002:17]。

＊20 建築家の山本理顕もまた、上野と対談するなかで、一九七〇年頃の住宅には「お母さんの居場所」がないこと、つまり現実の生活とずれていることに気づいたと述べている[上野 2002:142]。

＊21 青木俊也によれば、「ダンチ族」という言葉が初めて使われたのは、『週刊朝日』の一九五八年七月二〇日号の記事であったという。そこでは「ダンチ族は新しい都会の中堅庶民層」と紹介されている[青木 2001:51-53]。

＊22 さらに田村は、フリーペーパー誕生の背景について、つぎのような説明をしている。学生運動世代のひとびとの「エネルギーが燃え尽きると、音楽、ファッション、表現力は消費産業に換骨奪胎されて、新しいビジネスの意匠に組み込まれていった。大学や街頭で挫折した若者も成人になり、生まれ故郷

や地方都市にうつり、そこにこれまでになかったタイプの活字媒体を興す。それが「タウン誌」（アメリカでは「シティ・マガジン」）とよばれるものであった。」［田村 2007:10］

＊23 団地を日本の大衆文化の一形態とするならば、近代の大量消費社会を論じるうえで、また新たな日本文化を考察するうえで、それはきわめて魅力的な研究の対象である。佐藤忠男は『大衆文化の原像』のなかで、大衆文化についてつぎのように述べている。「もし大衆文化が高級な文化の低俗化にすぎないとしたら、そんなものはわざわざ大まじめに論じる価値はないのである。そうではなく、大衆文化とは新たに興隆しつつある階級なり階層なりが、自分たちの愛していた伝統的な文化を再編し再活性化しながら、新しい文化をつくり出してゆく創造的な過程にあるものであるべきなのである。」［佐藤忠 1993:267］

＊24 森千香子『排除と抵抗の郊外』（二〇一六年）においては、主にフランス郊外の団地で起きている問題が扱われているものの、比較社会学の観点から日本の団地を考察するうえで示唆に富む研究である。

＊25 「団地へのあこがれを再び」（『朝日新聞』二〇〇八年八月九日）

＊26 たとえば、『滝山コミューン一九七四』において原は、全共闘世代の教員や団地住まいの専業主婦の母親、その子どもたちが中心メンバーとなり「国家権力からの自立と民衆的な学園の確立を目指した」地域共同体である滝山団地を「滝山コミューン」と呼び、当時の学校システムや政治体制への批判も交えながら、地域（鉄道沿線）の歴史をひもといてゆく［原 2007b:17］。

第1章

団地へのまなざし

描かれた羨望、忌避、偏愛

1

文化論からみる「団地」

日本住宅公団が一九六〇年に作成した『団地への招待』という短編の「啓蒙映画」がある。これから団地に入居しようとするひとのために、団地生活のノウハウをドラマ仕立てにしてわかりやすく、要領よく説明したものである。団地の敷地内にある施設や商店の様子から、室内換気の必要性や集合住宅でのマナー、キッチンの使い方にいたるまで、団地での生活を始めるにあたって知っておくべきことが網羅的に紹介される。登場人物のファッションやよそよそしい口調、今はほとんど見ることもなくなったデザインの家具やキッチン・ツールの数々もまた印象的である。

一九七〇年代生まれの筆者にとっては、ある種の懐かしさを感じる反面、別世界を見ているようでおもしろい。しかし、当時のひとにとっては、これは娯楽映画などではなく、真剣にメモをとりながら観るべき「啓蒙」映画であり、団地生活のための「教材」と呼ぶべきものであったのだろう。

団地の「実態」を把握する作業とは別に、そもそも団地が、社会のなかでどのように語られているか（イメージされているか）という文化論的な視点で団地を考察してみると、その社会的位置づけを確認することができる。場合によっては、そういったイメージが団地の実態の一部をつくり出していることもあるだろう。そこで本章では、団地についての映画、小説、エッセイなどを取り上げ、そこでイメージされる団地とはどのようなものか、また団地の閉鎖性がどのように描かれているかといった点を中心に、時代的な変化を追いつつ、文化論的アプローチから団地を考察したい。

議論を展開するにあたって、ここでは団地をひとつの記号として捉えてみたい。そのうえで団地という記号が意味するものはなにか、正確にいえば「なに」と分節化されているかを明らかにし、その背後にどういった社会的状況があるのかについて考えてみたい。

本題に入る前に、まず以下の二点を確認しておこう。ひとつは、映画やテレビドラマ、音楽や文学作品などの表現文化作品を分析するとき、作品の読み手や視聴者による解釈の多様性があるということ。もうひとつは、それが現実の社会を正確に映し出しているとはいえない、という点だ。

解釈の多様性についていえば、同じ作品でもまったく異なった観点で視聴するひともいるということを確認しておきたい。本論での作品の見方には、筆者自身の経験や価値観が色濃く反映されており、ここで取り上げる資料は、あくまで筆者の問題関心のもとで解釈されている。[*1]

『団地への招待』が製作されて六〇年近くが過ぎた現在、それが当初の目的（制作者の意図）とはちがった観点で視聴されるように、ある映像からなんらかの意味を読みとる場合、その受け手の社会的背景や価値観が解釈に影響を及ぼす。それだから、ある作品の映画評が鑑賞者によってまったく違うものになるという事態にもなるわけである。[*2]

あらゆる映像は、制作者が意図して映そうとしているものだけが画面に映し出されるようなものではなく、時に送り手が意図しないことも映し出す。同時に、送り手が思ってもみなかった解釈が受け手（視聴者）によってなされることもある。コミュニケーションには誤読・誤解の可能性がつきものであるから、受け手による能動的な意味づけや解釈の可能性を無視することはできない。しかしだからこそ、その作品から読み解ける事象も多くなり、それまで見えていなかったものが見えてくることがあるのだ。とくに団地という記号は、外部と隔てられている立地条件ゆえに近寄りがたいものとして意識されつつも、日常のなかのなじみ深い場所でもある。そこに住むひとびとの人間模様も十人十色である。それだから、団地にはさまざまな解釈がなされる余地が残されており、物語を紡ぐ舞台としては絶好の対象なのかもしれない。

つぎに、表現文化作品は、その作品が公開された当時の世相を「正確に」反映しているわけではない、という点についてである。文字による作品にしても、映像にしても、特定の文化的・倫理的理想が多少なりとも反映されており、そこに描き出される世界は、むしろ現実とはかけはなれている場合もあるだろう。[*3] 映画に描かれた「架空の」世界と「現実の」社会が一致しているとは限らないのだ。

団地愛好家であり評論家の速水健朗は、団地が描かれた映画をいくつか取り上げて、それらの作品（フィクション）のなかに描かれる不安や社会病理について、そこから読み解くべきは「作家たちが捉えた社会や都市の変化そのもの」であり、そのまま「家族の解体」や「社会の不安」をそこに見るのは「ナイーブすぎる」と断じている[*4]［速水 2016:88］。

本論で考察を進めるうえで重要な論点は、団地の実態がどうかではなく、団地を舞台にした作品のなかで、どのように団地という記号が表現され、なにとどのように差異化されているかということである。そのような視点で、団地の「閉鎖性[*5]」や住民に関する描写を追いながら、団地に付与されたイメージがどういったものか明らかにしてみたい。

2　記号としての団地——二つの閉鎖性

フランスの哲学者ロラン・バルトは、人間空間一般はつねに記号表現であると語っていたが［バルト 1975:106］、団地もまたさまざまなメッセージを発信する記号であるといえよう。記号として「団地」を扱うとき、そこでは団地以外のなにかとの分節化が前提となっている。団地という記号は、可視的もしくは不可視的な境界線で他の記号と区切られ、「団地」と「それ以外」との関係――差異化のプロセス――において、その指し示す対象が明確になる。「それ以外」に入る単語はいろいろ考えられるが、いずれにせよある空間を指し示す記号として「団地」を見た場合、同時にそれが地理的あるいは心理的な境界線に区切られた閉鎖性を有する空間であることがわかるだろう。

本論で「団地は閉鎖的空間である」というとき、そこでの閉鎖性は否定的な意味ではなく、AとBとが記号によって「分け隔てられている状況」、すなわちAとBの差異において生じる閉鎖性によって、それぞれ個別なものとして認識しうるということをニュートラルに示している。その閉鎖性はまた、けっして固定的ではなく、つねに新たな閉鎖性を生み出すダイナミクスを有している。つまり、AおよびBそれぞれの閉鎖性は、あらゆるコミュニケーション・プロセスにおいて生じる差異化（またはその確認のプロセス）ゆえに可能となっており、AとBのあいだの境界――物理的境界ではなく社会的境界――は、つねに変化する可能性を有している。たとえば、そこでの境界線が「維持されている」とわれわれが観察するときも、それはAとBとを隔てる境界線が固定的なものとして「アル」のではない。その境界線はつねに変化しうるものであり、それを生じさせるコミュニケーション・プロセスによってつねにつくり出されている（＝維持されている）のである。

以下では、記号として団地を捉えながら、その閉鎖性の二つの位相に着目し、団地という居住空間や団地に暮らすひとびとの特徴がどう表現されているか考察してみよう。

ハコ的閉鎖性

ハコ的な閉鎖性とは、団地に住む「各世帯ごとの閉鎖性」である。

一九六〇年代、若い女性たちにとっての理想の結婚相手は「家付きカー付きババア抜き」の男性であった。持ち家と自家用車がある男性とともに、姑や舅に邪魔されることなく「二人の世界」を楽しめることが、当時の女性たちが理想とする結婚生活であった。そのような点で、多少交通の便が悪くとも、プライバシーが守られる生活は団地居住の大きなメリットのひとつであった。

言うまでもなく、実際の団地生活において、二人きりの時間を楽しめたカップルばかりではなかっただろう。郊外にある自宅と都心の職場の行き来で疲弊し、夫婦二人きりの時間を楽しむ余裕のないカップルや、新婚直後から姑が「のりこんで」きて「住みついて」しまったと不平を洩らす若妻もいたという［竹中 1964:82-83］。

とはいえ「夫婦二人きりの時間」を楽しめなかったとしても、団地は構造的に各戸ごとの閉鎖性によって特徴づけられている。つまり、団地は各世帯ごとのプライバシーを尊重するような造りになっており、状況によっては孤立を引き起こすこともある。団地での生活の一断片を

「孤立の罪」と表現したルポルタージュ作家の竹中労は、自身の団地居住の体験[*6]をもとに著した『団地　七つの大罪』のなかでつぎにように述べている。

「われわれの棲息している、このコンクリートの棟割長屋には、独立はおろか、連帯への意思すらまことに希薄である。人びとは各戸バラバラに孤絶して、エゴイズムの競合意識をきしませ、昨日と今日と、今日と明日と変化のない小市民的気分に、陥落している。〝団地族〟の性格を、一口で言えば、それは無関心である。団地は近隣もしくは同胞の情念というものをまったく欠如した、おかしな生活集団である。」[Ibid.1964:3]

一九六二年に公開された川島雄三監督の『しとやかな獣』（大映）と、一九七一年に公開された西村昭五郎監督の『団地妻　昼下がりの情事』（日活）には、このような団地の閉鎖性が表現されている。これらの作品で描かれたハコ的閉鎖性について、それぞれの映画のなかの台詞を追いながら見てみよう。

『しとやかな獣』は、元軍人の父親（伊藤雄之助）と専業主婦の母親（山岡久乃）、有名小説家吉沢先生（山茶花究）の妾をしている娘（浜田ゆう子）と芸能プロダクションに勤める息子（川畑愛光）という前田家四人家族の物語である。郊外の団地で、裕福な生活を求めながらしたたかに生きるひとびとの滑稽でもあり哀れでもある人間模様が、新藤兼人の脚本によって絶妙なテンポで描かれている。

物語が進んでいくにつれ明らかになることだが、この一家が住む団地の一室は、もともとは娘の友子を妾にしている吉沢先生が、彼女を囲うために用意したものであった。ある日、吉沢先生が友子の父親や弟との金銭トラブルに業を煮やし、この団地に乗り込んでくる。そこで彼は、友子の父親にむかってつぎのように文句を言う。

「この部屋だってそうなんだ。元来、僕が友ちゃんのために用意したものを、あなたがたがゾロゾロ入ってきて、そのまま居座り込んでしもたんじゃないですか[*7]」

ここではじめて、この団地の一室は前田家が購入もしくは借りた物件ではない、ということが明らかになる。吉沢先生は、愛人とのプライベートな時間をここで過ごしたかったが、彼女の家族にまんまと占拠されてしまった、というわけである。

敗戦直後にすさまじい貧困を経験したこの家族は、金に苦労をしない生活のためには手段を選ばない。両親は、吉沢先生との関係をどうにか続けるように娘を説得し、息子が会社の金を使い込んでもしかったりしない。定職に就かず（就けず）、金を無心してばかりいる父親に、息子はあきれた顔で言い返す。

息子「パパは金もうけは何をやってもダメなんだから。うちんなかでじっとしてりゃいいんだよ」

父親「小鳥じゃあるまいし、こんなせまっくるしいところ、毎日じっとしておれっかい！」（傍点は筆者）

父親は、自分の住まいを鳥籠にたとえ、団地の「部屋」すなわちハコに閉じ込められているという不満をむきだしにする。「せまっくるしい」と文句を言いながらも鳥籠に「居座り込んで」いる父親だが、いつかはもっと裕福になって団地を出て広い家に住み、幸せな生活を送ることを切に望んでいる。

『団地妻　昼下がりの情事』は、日活が経営上の理由でロマンポルノ路線へ方向転換して発表された第一作である。郊外の団地で暮らす専業主婦の律子（白川和子）は、日常のさまざまな欲求不満を抱えるなかで、同じ団地に住む女友達の誘いに乗り売春をするようになる。やがて、それがサラリーマンの夫、良平（浜口竜哉）の知るところとなり、人生が破綻してゆくといった物語である。

『団地妻　昼下がりの情事』は、二億円の配給収入をあげる大ヒットとなりシリーズ化された*8 [原田 2008:129]。一九七〇年代に入って大型団地がつぎつぎに建設された世相を反映した「団地妻」の作品群は、「団地住まいの専業主婦はサラリーマンの夫を送り出した後、退屈しているという発想のもとに登場」したもので、これは「男性にとってはある種のリアリティをもった幻想」でもあった [馬飼野 2007:47]。二〇一〇年に日活によってリメイク版が製作され（中原俊監督、高尾祥子主演）、現在でもアダルト向け映像作品には「団地妻」というジャンルが残っている。

さて、『団地妻　昼下がりの情事』では、物語の後半にさしかかったところで、妻の不貞を知った夫は衝撃を受け、妻と口論になる。「なんてことだ！　こともあろうにコールガールをやっていたなんて。いったいどういうつもりだ、言ってみろ！」と怒鳴る夫に、妻は開き直ってつぎのように言う。

「あたしだってずーっと我慢してたのよ。毎日毎日こんなコンクリートの箱の中で同じことの繰り返し。好きなものも食べず、欲しいものも買えない。窮屈な収入。息がつまりそうだわ。ぶちたきゃいくらでもぶちなさいよ！」（傍点は筆者）

団地の部屋に閉じ込められた閉塞的状況が、妻によるこの台詞のなかに見てとれる。『しとやかな獣』と『団地妻　昼下がりの情事』は、それぞれ一九六二年と一九七一年に発表された作品であるが、両作品ともに登場人物は団地の住居を「こんなせまっくるしいところ」あるいは「こんなコンクリートの箱の中」と表現し、各々の住戸のなかに閉じ込められている状況、すなわちハコ的閉鎖性が描かれている。そして、閉じ込められているがゆえに「いつかは脱出したい」という願望が暗示され、そこからどうにか脱出しようともがく人間の欲望が印象的である。

ムラ的閉鎖性

もうひとつの閉鎖性は、団地の各世帯・部屋ではなく、団地という敷地・領域の閉鎖性である。団地があたかも小宇宙を形成するかのように外界から差異化（もしくは隔絶）されており、団地全体をひとつの生活圏としてとらえた「ムラ」的な閉鎖性である。これによって生まれる外部との対峙的関係は、たとえば団地居住者vs.一戸建て居住者という関係に典型的に表されている。このムラ的閉鎖性は、そもそも団地の住環境を理想に近づけるために、設計者によって意図的につくり出されたものであった。[*9]

団地住民と団地建設以前から居住する周辺住民との対立的な関係は、立松和平の自伝的小説

『遠雷』にも描かれている。「札束で横面を張られるようにして土地を手放していった」農家の倅が、ビニールハウス越しに見える団地に住む化粧のにおいのする女たちに、無愛想で投げやりな態度でトマトを売る、という場面がある〔立松 1983:11〕。そこからは農家の跡取り息子が団地族の「女たち」にむける、侮蔑と憧憬の入り混じった視線が読みとれる。

さらに、このほかにもいくつかの資料やエッセイから両者の関係がうかがえる。先にあげた竹中労の『団地 七つの大罪』に収録されている対談で、当時、京都大学の講師で大阪府の香里団地に居住していた多田道太郎が、団地住民は学校や保育所などの公共施設を要求するばかりで「地元にとっては、やっかいなお荷物」とみなされていると語っており[*10]〔竹中 1964:162-163〕、さらに竹中も、団地周辺の地元の消防団が、団地での消火活動に関して非協力的であることを述べている。

閉鎖的な構造で設計された団地の住環境は、子どもたちの社会的関係にも影響をおよぼす。小学生たちが、「団地の子」と「地元の子」とに別れて遊ぶということは、実際に団地で育った子どもたちがよく語るエピソードである。[*11] 作家の多和田葉子によるエッセイにも、同様の体験が綴られている。

小学校時代を団地で過ごした一九六〇年生まれの多和田は、小学校の同級生のほとんどが「団地に住むサラリーマンの子女」で、一戸建ての家に住んでいる少数派の子は「〈普通の家の子〉と呼ばれていた」という［多和田 1999:30］。〈普通の家の子〉に対して「普通でない家の子」とは、団地の子どもたちを指すのだとすれば、団地という居住空間は「普通でない」住居だという感覚が透けて見える。*12

団地のムラ的閉鎖性を、若者たちの物語としてコミカルに描いた映画がある。二〇〇二年に公開された、堤幸彦監督の『ピカ☆ンチ――LIFE IS HARDだけどHAPPY』（ジェイ・ストーム）、つづいて二〇〇四年に公開された続編『ピカ☆☆ンチ――LIFE IS HARDだからHAPPY』（ジェイ・ストーム）である。これらの作品では、団地という特殊な領域のムラ的閉鎖性と、それに付随して醸成される団地という故郷への郷愁が、ときに自虐的に描かれている（以下、それぞれ『ピカ1』『ピカ2』と表記する）。

『ピカ1』は、八塩団地育ちの中学の同級生五人組、高所得者の多い「リッチ棟」に住むボン（松本潤）、普通棟に住むシュン（相場雅紀）、団地で一番運の悪いハル（大野智）、「貧乏棟」に住みスケボーをはじめて団地に持ち込んだタクマ（二宮和也）、「ちょっとヤバい第九棟」に住み高校を中退したチュウ（桜井翔）たちの友情物語である。その続編『ピカ2』では、三年後の五人の友情と団地の再開発が主なテーマとなっている。『ピカ1』の最後でタクマが渡米するが、『ピカ2』では、彼が生まれ育った故郷である団地に帰ってくるという設定である。

とくに『ピカ1』では、団地のムラ的閉鎖性が団地の「ウチとソト」との対比において強調されている。五人そろって原宿に遊びに行くエピソードでは、同じ東京都内であるにもかかわらず、まるで「江戸時代のお伊勢参り」だというナレーションのとおり、五人は団地住民の「生きて帰ってこいよー」「がんばってねー！」の声援を背に外界と団地を結ぶ橋を渡り原宿へ赴く。[13]

さらに、シュンはソトの世界から団地祭りに訪れたガールフレンドのみく（判杏里）に対して、団地内ではソトの世界の住民であることを悟られないようにふるまうよう要求する。シュンは「よそ者にはとにかく厳しい土地柄なんだよ」とみくに言い、メイクを落とし自分が用意した平凡な服装に着替えるように説得する。さらに、「もしだれかに、どこのシマのもんだ？ってきかれたら、迷わず第五棟って答えるんだ、いいね」とアドバイスする。その後、団地住民からみくに対してシュンの予想どおりの質問が投げかけられ、彼女は教えられたように答える。しかし、やはりそれでも「よそ者ではないか」という疑いの視線が彼女に注がれつづけるのである。

『ピカ2』でも、渡米したタクマが「故郷」である団地に帰ってくること、仲間の何人かは団地内で就職していること、さらに団地の再開発反対運動への参加といった現代的なイシューにおいても、ウチとソトを意識する場面は多い。

先の『しとやかな獣』と『団地妻　昼下がりの情事』では、団地の一室が箱や鳥籠にたとえられたように、自分や家族が生活する住居の内部が「ウチ」であるのとは違い、『ピカ1』『ピカ2』の主人公たちにとっての「ウチ」は、団地の各部屋ではなく、ある一定の広がりをもった団地の敷地の内部であり、「ソト」とは団地の敷地の外部である。彼らにとっての「ウチ」とは、仲の良い幼馴染みのいる住み慣れた「故郷」としての団地なのである。

このムラ的で、かつ「自分の居場所」としての団地イメージを、さらに深化させた作品が『みなさん、さようなら』(ファントム・フィルム、二〇一三年、中村義洋監督、久保寺健彦原作)である。この作品は、ある事件をきっかけに「団地から一歩も出ずに生きる」と決めた少年の成長の物語である。一九八〇年代から二〇〇〇年代にかけての芙六《ふろく》団地が舞台で、渡会悟(濱田岳)は、小学校卒業後、中学に通うことを拒否し、「団地の人間を守る」ため団地内パトロールに精を出す毎日であった。悟にとっての団地は、まさに「ムラ」である。団地のなかであれば、自宅というハコから出て、活動的に動きまわることができるのだ。

悟は小学校を卒業して以降、団地のウチとソトを行き来できる友人や母の助けを借りながら、恋愛や婚約、就労(就職活動をする、ケーキ屋の店主になるなど)といったライフイベントすべてを団地の敷地内で経験する。人間関係の広がりも団地のなかだけである。かつての級友たちは、団地の外に出ようとしない(正確に言えば、精神的な問題を抱え自分の意思ではなかなか出ることができない)悟が参加できるように、同窓会を団地内の集会所で開催する。いつも悟を信頼し応援してくれていた母の死をきっかけに、悟は団地を出ることになるのだが、そのラスト・シーンで、団地と外界を隔てる長い階段を降りていく悟の後ろ姿が印象的である。

これらの作品のなかの主人公たちにとって、自分の居場所としての団地は、ハコ的閉鎖性によってではなく、ムラ的閉鎖性によって特徴づけられている。『ピカ1』『ピカ2』では、ローカルな帰属意識が醸成された場所として団地が位置づけられており、その隔離された空間内部で育まれた友情や団地育ちならではの団地への愛着が、自虐的でシニカルに誇張されて描かれている。その団地に住むひとびとは、情緒的郷愁によって結びつき、団地の閉鎖性は肯定的に捉えられている。コメディとして脚色されてはいるものの、団地というムラの住民であることを誇りに思っている様子は、物語のキーコンセプトでもある。[*14]

『みなさん、さようなら』においても、主人公にとって団地の敷地は生活のすべてであり、自分が生きる意義を見出せる場所であったが、「ピカンチ」シリーズと違うのは、団地の居住者全員が団地を「ムラ」と認識しているわけではないことだ。主人公の悟だけが団地へのこだわりをもちつづけるなか、周囲の同級生や婚約者たちは、一人ひとり、団地を去って行く。[*15]

団地のムラ的な側面と、ハコ的な側面、いずれもとり入れて表現しているのが、SFコメディ『団地』（阪本順治監督、キノフィルムズ、二〇一六年公開）である。息子の死をきっかけに漢方薬局を廃業して団地に転居してきた夫婦、山下清治（岸部一徳）とその妻ヒナ子（藤山直美）

が、団地内で妙な噂をたてられ、団地住民を巻き込んで騒動になっていくという物語である。夫は団地の自治会長選挙で落選。それ以降、彼の姿を見かけなくなったのを不審に思った団地住民たちは、妻のヒナ子が殺害したのでは、という噂を信じ込んでしまう。ヒナ子は部屋の窓から外を見下ろしながら「団地て、おもろいなぁ。噂のコインロッカーや」とつぶやく。

この作品で興味深いのは、団地がムラであると同時に（ただし、居心地のいいムラではない）、物語が進んでいくと、夫婦だけの閉鎖的な「ハコ」的空間として部屋が描かれ、さらには些細なきっかけで夫はキッチンの床下収納スペースに籠城するようになる。「ハコ」的な空間として〝だけ〟団地を強調するならば、夫は住戸（部屋）に籠もればすむはずだが、それでは飽き足らず、さらに小さいハコである狭い収納スペースに引きこもるという設定がおもしろい。

これらの作品に描かれる団地は、いずれも二〇〇〇年代の団地を思わせるが[*16]、団地が現在置かれている状況を表すリアリティを醸し出しているかどうかといった観点からみれば、あくまでフィクションの域を出ない。「ピカンチ」シリーズに描かれたムラ的な関係性はエンターテイメント的な要素が強いユートピアで、『みなさん、さようなら』では団地の建替えや外国人居住者といった現代的イシューが取り入れられているものの、主人公の生活スタイルがあまりにも浮世離れしている。『団地』にいたっては、物語の終盤、ついに地球外生命体とおぼしき謎の人物との交信が繰り広げられる。

しかしながら、自分たちの生まれ育った地元（団地）への愛着やいわゆる縄張り意識の描写、そして団地の日常生活に関するエピソードは、団地とそれ以外との境界線を意識するのに十分に効果的である。

いつかは飛び立つ「ハコ」から、終の棲家である「ムラ」へ

以上で挙げた六つの作品を、そこで描かれた団地の閉鎖性に着目しながら比較すると、とくに『しとやかな獣』と『団地妻　昼下がりの情事』においては「いつかは団地から抜け出したいひとびと」が居住するハコであるのに対し、『ピカ1』『ピカ2』『みなさん、さようなら』『団地』では団地の敷地をひとつのムラとして、あるいは「終の棲家」（帰る場所）として描いていることがわかる。

昭和三〇年代（一九五〇年代後半〜一九六〇年代前半）、厳しい住宅事情のもとでは「団地に住むことが一つのステイタス・シンボルであり、それが憧れの的であった」が、「団地に入居できた人たちは、けっして団地をついの住み家にしようとしていた」わけではなかったと都市社会学者の江上渉は指摘する［江上 1990:79］。つまり、彼らにとって団地はあくまで「仮住まい」であり、とくに「エリート社会での上昇志向（出世意欲）はかたちを変えて団地からの脱出意欲となる」こともあった［Ibid.:79］。それゆえ、当時の団地は「故郷」と呼ぶには程遠い場所で

あったのだ。

先にふれた多和田も、団地には自分の故郷だという感覚やなつかしいという感情はもてないという。自身が過ごした当時の団地について「下見に行った時に見た建ったばかりでまだ人のはいっていない団地の群れは不気味」で、「今ふりかえってみても、団地の建物も、この奇妙な遊園地も、故郷などという言葉とはほど遠いイメージを持ちつづけている」と綴っている*17［多和田 1999:27-28］。

多和田の小説『犬婿入り』は、ある団地を舞台に展開する不思議な物語だが、その一節につぎのような描写がある。


「子供たちが学校から帰ってきて塾へ移動するその時間までは死に絶えたようになる憂鬱な新興住宅地の団地の一角に、大きな汚らしい貼り紙が一枚、電信柱にすがりつくようにして（略）剝がれずにしぶとくしがみついていた。（略）しかし、わざわざ剝がそうとする人もなく、なにしろこの団地では団地文化が始まって三十年の間に、自分の家の中は毎日きちんと片付けても外の通りに捨てられていた気味の悪い物には触らない伝統が定着し、道の真ん中に車にひかれた鳩がつぶれていても、酔っぱらいのウンチが落ちていても、そのうちボロキレのようになって空中分解してしまうまで触ってみようという人はいないだろうというほどの無関心ぶ

り」[多和田 1998:80]

「憂鬱な新興住宅地」の団地文化が生んだ「無関心」という伝統は、まさに多和田から見た団地の特徴なのだろう。

しかし、団地が地域に定着していくにつれて、「ムラ」的なエリアとしての団地が、いつかは抜け出す一時的な滞在先ではなく「終の棲家」となるケースも出てきた。「団地族」の時代から三〇年を経て、一九八〇年代後半以降、団地という集合住宅が定住の場となってきたのである。それは、首都圏での地価高騰によって、「一般のサラリーマンが一戸建て住宅を新たに購入することは、買い替えを除いては不可能に」なり[江上 1990:80-81]、集合住宅への居住は「大都市の居住様式として避けられないものになりつつ」あったからである[ibid.:101]。

団地への定住指向をもつ高齢者の姿を描いているのが『海よりもまだ深く』(是枝裕和監督、AOI Pro.、二〇一六年公開)である。[*18] 主人公の良多(阿部寛)が少年時代を過ごした団地に、母淑子(樹木希林)は、夫が亡くなったあとも一人で慎ましく暮らしている。自称小説家でギャンブル好きの良多は、妻と離婚し、小さな探偵事務所に勤めている。先妻と暮らす小学生の一人息子との面会を楽しみにしているが、クライアントから金を巻き上げ、その金で息子にプレゼントを買うような生活である。それでも団地に住む母に、孫の顔を見せることだけは欠かさない。

良多が姉の千奈津（小林聡美）の職場を訪ねて世間話をする場面では、団地での生活は、いつか「卒業」するものとして捉えていることがわかる。

千奈津「父さん地道に働いてたら、今頃母さんだって団地暮らしは卒業できてたわよねぇ」
良多「かもな。目黒あたりにさ、でーんと大きいのな」

息子と娘は、目黒という団地の外の土地に出て戸建てに住むことが、ライフコースの順序として適切であり、それこそが成功の道筋だと言わんばかりである。しかし当の母親は、団地内の人間関係や文化活動にしっかりと根を張って暮らしており、団地を出てゆく気はないように見受けられる。賃貸から分譲への住替えを希望してはいるものの、それはあくまで団地内での生活を維持することが前提だ。[*19]

一九五〇年代後半から七〇年代前半までは、団地は「いつかは抜け出すハコ」であり、やがて一九八〇年代なかばを過ぎると、一戸建て購入へのあきらめもあってか、団地に永住する方向にむかい、住民のなかにある種の連帯意識が生まれ、それがムラ的な閉鎖性を強化する土壌となった。『海よりもまだ深く』では、親世代と子ども世代の団地に対する評価が鮮明に描かれているが、団地住民同士においても、団地を一時的な住まいとして捉えるか、終の棲家として捉えるかで、団地での生活の仕方や人間関係のつくり方は変わってくるだろう。

3　団地へのまなざしと近代の欲望——羨望、忌避、偏愛

「下町」に対置された記号としての団地

一九六三年に公開された山田洋二監督の『下町の太陽』（松竹）に描かれた郊外の団地は、キラキラと輝く将来を映し出す記号であった。働き出して間もない若い道男（早川保）が、鉄橋を渡る電車（京成押上線）のなかで親しい女友達、町子（倍賞千恵子）に言う。

道男「ほら、隅田川を越えるとずっと景色が変わってくるだろう？　あぁ、団地に住みたいなぁ、郊外の団地に。でも今の給料じゃその資格がないんだけれど」
町子「すぐよ、正社員になったら」
道男「うん」

近代的産業構造のもとに発明された団地（という居住スタイル）が、それまでひとびとの日常生活を社会的・精神的側面から支えてきた地縁・血縁社会を破壊したとする見解もある。しかし、道夫は団地をそうは見ておらず、町子も最初は団地へのあこがれを隠さなかった。*20

町子の同僚、和子（葵京子）の結婚披露宴の場面において、団地に対する「あこがれ」は頂点に達する。宴会の司会者が「みなさん、新郎新婦にすばらしいプレゼントがまいりました。お二人はただ今、光が丘団地の抽選に見事、当選されました」とアナウンスする。それを聞いた披露宴の客らは口々に「うらやましいわねー」とざわめく。さらに司会者は「二〇〇人に一人という競争率にご両人はあきらめていたようですが、天も二人の門出を祝福しこの幸運をもたらしてくれたものと思います。どうも、おめでとう」と続ける。

この披露宴の帰り道、町子と同僚女性たちは語り合う。

「結局サラリーマンね、結婚するなら」
「三万とってもらわないと団地に入れないわけかぁ」
「そうねぇ、女の幸せって男次第だな。そう思わない？　町子」

結婚して団地で暮らす生活は、当時の若い男女の「幸せの人生」の象徴であった。結婚式の後、町子は同僚の女性たちとともに、新婚生活を送る和子を団地に訪ねる。しかし、団地のなかを楽しそうに見てまわる町子たちとは対照的に、和子は憂い顔で、久々に会ったかつての女性同僚達と談笑するうちに涙ぐむ。夫の帰りを「化粧をして待つ」生活だと語る和子に、複雑な表情で疑問をなげかける町子だが、それでも一緒に来たほかの女友達は「いいなぁ、団地って。うらやましいなぁ」と笑う。

この場面では、団地生活への羨望とともに、団地生活での孤独・孤立が描かれ、そういった生活がはたして女性にとって幸せなのだろうか、という疑問が主人公町子の視点をとおして投げかけられるのである。

郊外の団地での「幸せな人生」に対する町子の批判的な立場がもっとも鮮明に描かれるのは、彼女が道男からプロポーズされる場面である。ライバルの不祥事で正社員になれることになった道男は「さぁ、あのボロアパートともお別れだ！　本社勤務になったら引っ越すさ、煙突のない、青空の見える郊外へね！」と明るい将来を語り、「東京の下町の象徴」である荒川の土手［川本 1994:76］で町子に結婚を申し込むのだが、彼女は浮かない顔でそれを断る。

道男「僕はそんな高望みしてるわけじゃないんだ。この下町を出て君と二人っきりで、狭くてもいい、日当たりのいい部屋に住むってことだけなんだ。」

町子「あたしだって日当たりのいい団地に住みたいわ。でも、きれいな部屋のなかで、いい服来て、お茶を入れたり編み物したりすることが女の幸せとは思わない（略）あたしと道男さん、どっか違うわ。いく晩もかかって考えたの。道男さんは結局この町を出てく人なのね。それがあなたの幸せなのよ。あたしはここにいるの。そりゃぁ下町は煙だらけ。うちのなかは昼でも暗い。空はかすんでる。でも太陽はその上に照ってるわ。あたし、そう思うの。」

町子が育ってきた、そしてこれからも住みつづけたい町と、道男があこがれるところが違っていることが浮き彫りにされる。それは、理想の将来、生き方の違いでもある。道男にとってだけでなく、当時の多くの若者たちにとって「下町」は、脱出すべきところ、居住には適していないところとされ、「郊外の団地」が理想の居住地とされている。一九九〇年代以降、不動産業者がこぞって下町をほめそやす宣伝文句を使うようになった状況を鑑みると、下町に対する価値づけの大きな変化に驚かされる。[*21]

この映画では「下町」が「郊外（団地）」の対極に位置づけられている。一般的に、「下町」の対極にある概念は「山の手」であるが、[*22]そこにあえて郊外（団地）をもってきているところが興味深い。

より良い生活と高い社会的地位を求めるのであれば、あこがれの対象は「山の手」でもよいはずである。しかし、ひとびとは郊外（団地）へ向かった。郊外の団地とは、彼らの「手に届く」範囲にある「高級」で「近代的」な生活――いわば大衆的な高級さ――の象徴だったからではないだろうか。

生まれながらにして富や高い社会的地位をもつものは山の手の住民であり、それをもたざるものは下町の住民だとするならば、そのあいだに「新規参入」してきたのが団地の住民、すなわち団地族であった。雲の上の上流社会への仲間入りの可能性ではなく、近代的で快適な生活を実現できる可能性、すなわち個人の努力によって獲得できる高級さや快適さを提示したのが、郊外の団地だったのである。

団地内の社会的境界線

郊外の団地が、その周辺やほかの居住地域（下町）と対置されて描かれる一方で、団地の内部における社会的な境界線の存在にも触れている作品がある。

先にあげた映画『ピカ1』の冒頭には、高所得者の多い「リッチ棟」や「貧乏棟」「ちょっとヤバい第九棟」など、各棟に社会階層や文化の違いがあるという設定で物語が展開する。さらには、前出の『海よりもまだ深く』においても、団地内の賃貸と分譲の差異が語られるシーンがある。経済的成功によって新居に引っ越す際、「あこがれの転居先」は団地のソトではなく、あくまで「団地内の」分譲という価値観が映画のなかに描かれているのが興味深い。そのシーンを見てみよう。

うだつの上がらない良多は、ある日、団地に住む母を訪れ、母に一万円札を無愛想に差し出す。いったんは断る素振りを見せつつも、夫に先立たれて年金暮らしの母は「そーですか、じゃ遠慮なく」とお金を受け取るのだが、即座に「どーせなら分譲買ってくんない？　二三四の柴田さんとこ空いたの。３ＬＤＫ」とたたみかける。真顔でありながらどこか冗談っぽく、すこし甘えたようにおねだりする母に「ばかいってんじゃないよ！」と良多は声を荒げる。図々しいが憎めない母と短気な息子のコミカルなやりとりのなかに、団地の賃貸から同じ団地内の分譲へ転居したい、という母の望みが見てとれる。

場面は変わって、良多は、毒蝮三太夫のトークよりもクラシック音楽を聴くようになった母を訝しく思っているが、彼女はのらりくらりと返答をしている。その後、団地のなかを良多が母と歩いているときに、仁井田（橋爪功）とばったり出会う。母と「仁井田先生」との他愛ない会話から、良多はクラシック鑑賞のきっかけをつくった人物が彼であることを察する。別れた後、仁井田について良多が母にたずねる。

良多「どこに住んでんの？」
母　「二二六」
良多「あー、やっぱり分譲だ。そんな感じしたよ」

前節で述べたような、下町と団地（郊外）という対比とは違い、団地内部における社会階層、経済階層の「格差」がこの会話から推測できる。分譲住宅（持ち家）への憧れといくばくかの嫉妬が息子のセリフから滲み出てくる。

社会的境界線は、あらゆるところに引かれる可能性がある。団地というエリアも例外ではない。一九六〇年代、大阪の公団に住んでいた京都大学講師の多田道太郎は竹中労との対談（一九六三年）のなかで、団地内のコミュニケーションについてつぎのように発言している。

「（団地には）小さなローカル意識がありますね。ぼくらのブロックはガラがわるいものだから、少し隔たったところの奥さんたちは、ぼくらのことを〝下町〟とよんでいるらしいですよ（笑）。」［竹中 1964:153］

団地内のあるエリアを指して「下町」と呼ぶひとびとが、みずからを「山の手」だと思っていたかどうかは定かではないが、団地的な上品さと下町の「ガラのわるさ」とが観念的に対置されていたというエピソードである。団地の内部に「下町」的な部分を（観念的に）感じとる、あるいは創造する住民もいたことが垣間みられる発言である。ある意味で団地には、多様性をはらみつつも成立する「ムラ」社会という側面もあるのだろう。

『海よりも深く』において主人公の母が住む賃貸エリアは、多田の言葉を借りれば「団地のなかの下町」とでもいえようか。団地という居住空間の多層性が見えてくる一場面である。

エロティシズムの記号としての団地

「団地」という単語をインターネットで検索すると必ず引っかかってくるのが、成人向けの情報サイトや「団地妻」という表記である。文化論的アプローチで団地という記号を考えるとき、そういったエロティシズムと団地との関連は避けて通ることはできない。

ハコ的閉鎖性とムラ的閉鎖性が重なったところに神秘性が生まれ、そこからエロティシズムやファンタジーが掻き立てられる。団地に居住する既婚女性（団地妻）という記号に付随する性的なファンタジーは、すでに『団地妻　昼下がりの情事』公開（一九七一年）より以前、一九六三年の時点で「よろめく団地妻」としてマスコミに流布していたという。ルポルタージュのなかで、妻たちは夫以外の男性を求めるどころではなく、夫と子どもが自分の人生のすべてになっていると指摘する竹中は、「一部のマスコミには〝団地妻のよろめき〟などとさかんに報道されている。だが問題は、むしろ〝よろめかぬ団地妻〟――夫への愛の過剰にあるのではないか」と疑問を投げかけている［竹中 1964:87］。

団地に居住する女性は、ある程度の社会的地位や経済力を背景に、何不自由のない生活を謳歌しつつも、閉鎖的な空間のなかで性的欲求が満たされないまま生活している（に違いない）という妄想が、団地妻をめぐる性的なファンタジーと結びついていたのだろう。団地での生活は息苦しくはないだろうか、団地に住む既婚女性たちは配偶者が仕事で外出しているあいだなにをしているのか、外側からは見ることができない各世帯の内側はどうなっているのか、といった閉鎖的なハコ内部への好奇心と、高所得者の住む団地という領域におけるムラ的な閉鎖性は、日活ロマンポルノの団地妻シリーズにおいて重要な要素となって、エロティシズムを掻き立てた。

ところで、団地妻に対して「団地夫」という性的嗜好のジャンルが一般的でないことからもわかるように、団地妻のイメージはあくまでも異性愛の男性視点のファンタジーのなかで形成されたものである。一九七〇年代に二二歳でピンク映画監督としてデビューした浜野佐知も「現在の状況で映画化される作品は（略）絶えず「男印」が付いている」［浜野 2005:201］と述べているように、映画における性表現は、団地妻シリーズに限らず、基本的に異性愛の男性の性的欲望のためのものである。そのことを確認したうえで、映画のなかでの団地妻（団地に居住する既婚女性に対するイメージ）のイメージの違いについて見てみよう。

「ハコ」と「ムラ」とで閉鎖性の性質が違うのと同じように、映画で描かれる団地妻像もまた、それぞれ異なっている。とくに『団地妻　昼下がりの情事』と『ピカ１』に描かれる、団地に居住し夫以外と性的関係をもつ既婚女性の姿は対照的である。

『団地妻　昼下がりの情事』の主人公律子は、近代社会において理想的とされる「貞淑な妻」を演じ、仕事で多忙ではあるが生活するのには十分な稼ぎのある夫の扶養のもとにいる。しかし、夫に内緒で売春をはじめた妻が、夫との性行為のときに「うっかり」女性上位の体位をとってしまい、夫も妻も驚き、戸惑うという短い場面がある。現代の感覚からすると、とりたててきわどいシーンとは言えないが、妻が性行為に際して積極的になっていく様を表現しているところだ。

そこからは、律子という団地妻が夫の前でとるべき態度は、経済的にも、性生活においても、あくまで従属的であることが暗示されている――だからこそ売春という対極的な行為が引き立ってくるのだが――。一九六〇～七〇年代の団地族の女性が、男性の性的ファンタジーのなかで期待される態度がどういったものであったかを推察できる場面でもある。

これとは対照的に『ピカ１』では、毎日をハコ的閉鎖空間のなかで悶々と暮らす、といった暗い描写がほとんどない。むしろ、そこにあるのは、ハコから飛び出してムラのなかで（ムラ的閉鎖空間のなかで）自己主張しながら活き活きと、そして積極的に性的なアピールを繰り返す団地妻の姿である。

『ピカ1』のなかに出てくる団地妻、ハルの不倫相手である君江（秋山菜津子）は、みずからの欲望に忠実な女性として描かれている。団地内でパートとして活発に働き（『ピカ2』ではハルの職場であるスーパーマーケットで売り子をする）、魅力的な肉体と若さを保つために筋トレや美容パックを欠かさない。ハルよりも年上の君江は、ハルとの関係においてつねにリーダーシップをとり、さまざまな手法で性的欲求を積極的に表現する。

この二作品に描かれる団地妻は、「コンクリートのハコ」で生活し団地のソトで夫以外の男性と性行為をする律子と、団地という「ムラ」のなかで年下の相手に積極的にアプローチする君江という対照的な姿で描かれている。律子は売春によってみずからお金を稼ごうとし、そして性的欲望を満たそうとするが、客を選ぶことはできない（それゆえ悲劇が起こる）。一方の君江は、コミュニティのなかから自分の気に入った相手を選びとり、相手の気持ちよりも自分の欲求に従って積極的に関係を深めてゆく。ハコの集合体としての団地に生きる律子が社会からも家族（夫との関係）からも孤立しているのに対し、ムラ的結合の強い団地のなかで社会関係をつくる君江には、ほとんど孤独の影は見えない。

もっとも、両作品は時代設定が違い、『ピカンチ』シリーズは成人映画ではないこともあって、そこで描かれる団地妻のイメージが異なっているのは当然であろう。しかしいずれにせよ、団地で生活する三〇〜四〇代の既婚女性に付与された性的なイメージを、それぞれの団地の社会関係のあり方から読み解いてみると、団地という記号の多義性がよく見えてくる。

鑑賞する記号としての団地

一九六〇年代に開発された都市圏の大規模なニュータウンは、開発当時、近代的な生活を営むホワイトカラーのステイタス・シンボルであり、ひとびとの羨望の的であった。[*23] しかし一九七〇年代なかばになると、公団住宅は、当時、確実に売れていた一戸建て住宅にくらべ「高遠狭」と揶揄され、一九七〇年代後半にはすでに、「公団初期の賃貸住宅は、当初の高級イメージとはうらはらに、老朽化すると同時に高齢化した残留層と若年賃貸層の混在する、所得水準の比較的低い地域と化していた」[文屋 1990:38]。

そして、五〇年の時を経た現在、ニュータウンと呼ばれた地域は、「成熟に至らぬままオールドタウンへと衰微の一途をたどるものもある」ばかりか、居住者がきわめて少なく住環境も荒廃したゴーストタウンになってしまったところさえある[竹井 2007:126][*24]。さらには、一九九六年の公営住宅法の改正以降、「居住者の高齢化に加えて新規入居者も高齢者が多く、近年は自治会役員のなり手も不足し、自主管理の困難化や自治会活動の停滞という問題が浮上してきている」という〔稲葉 2006:6〕。そのため、団地はもはや便利で近代的な生活を示す「あこがれ」の対象ではなくなり、その魅力は失われ、今もそういった問題は払拭されていない、と学術的には評されてきた。

ところが、二〇〇〇年代の団地愛好家（団地マニア）と呼ばれるひとびとの出現は、そういったネガティヴな評価をゆさぶるものであった。彼らが語る団地は、すでに魅力が失われた過去の建造物ではない。いや、正確に言えば、そのネガティヴなイメージこそが／それも含めて「愛でる」対象となっているのである。

たしかに利便性という側面から見れば、エレベーターもなければ、駅からも遠く、老朽化も進んだ住宅での生活は楽なことばかりではないが、団地愛好家にとっては語りつくせない魅力があるのだという。彼らは、そうしたいわば大衆芸術的な魅力や鑑賞対象としての団地の魅力を「萌え」や「胸キュン」といった語を用いて表現する。

団地愛好家が、団地情報の交換やそれぞれの団地へのこだわりなどを発表し語り合う場として「団地博覧会」（通称、ダンパク）がある。このイベントの第一回目は、二〇〇七年九月一六日『ダンパク～大団地博覧会　君はスター団地を見たか』と題して、大阪市中崎町のCommon Cafeにて開催され、入場者数は約六〇名を数えた。第二回は、二〇〇八年九月二〇日、大阪の心斎橋club jungleにて（入場者数は約八〇名）、つづく第三回は二〇〇九年一月一一日、千葉の花見川団地にて開催された[*25]（以下、それぞれ「ダンパク2」「ダンパク3」と呼ぶ）。オーディエンスの大多数が二〇〜四〇代前半の男女である。

ダンパク2でみずからの団地に対する思いを語ったある女性[*26]は、団地に「男前」「かっこいい」といった形容詞をつけ、さらに「胸キュンポイント」として、自身が気に入った団地の「日よけ」のデザインを写真で紹介した。ずらっと並んだブランコも、彼女にとっては、画一化・規格化された単調な生活の象徴というよりは、微笑ましく見つめる対象である。さらに彼女は団地の「癒し系」スポットのひとつとして、手入れの行き届いた樹木のあいだを抜ける小道の写真を紹介し、そこが「いやなことを忘れる小道」だと説明した。

このイベントで発表したほかの演者も、それぞれの視点から団地への愛を生き生きと語っていた。ダンパク主催者でもある二人組の「関西団地トークユニット」は、団地内の公園のネーミングのおもしろさに着目したり、「ダンチラリズム」と称して団地の各棟や給水塔の配置が微妙にずれて見える視点のおもしろさを説明するなど、独特の視点から団地の魅力を「(再)発見」し、パフォーマティヴに語ってみせた。その後、団地でのはじめての開催となったダンパク3において、彼らは団地の壁画の「統一感のなさ」や「おかしさ」に言及し、「ツッコミの対象」としての団地の魅力を紹介した。

そのほかにも、団地の住棟番号ばかりを写真に撮りつづけている女性もいた。彼女は、住棟番号を示す文字のフォントを「団地フォント」と呼び、「なんで好きかわからないんですけど、かくかくした感じが好き」だと熱く語っていた。

ダンパク以外にも、大阪には団地の名前が付いたカクテルを出す「団地バー」があった。[*27] そこでは、団地愛好者が集まっては団地の魅力――給水塔やダストシュートなどを含めた団地に関連するあらゆるもの――について語り合っていた。

二〇〇八年には、団地をテーマにした写真集が相次いで出版された。団地マニアを代表するひとり大山顕は、団地のペーパーフィギュアがつくれる仕組みになった『団地さん』や、団地の「愛で方」の指南書『団地の見究』といったユニークな写真集を発表。さらに写真家の石本馨は、団地の神をさがして全国津々浦々、さまざまな集合住宅を外観から室内に至るまで撮影した『団地巡礼――日本の生んだ奇跡の住宅様式』を刊行している。石本は、建替え前の松原団地について、緑があふれるゆったりとした空間が「羨ましい」と評している。

団地愛好家としては「団地団」の活動もよく知られている。団地団は、大山顕、佐藤大、速水健朗を中心とし、[*28] 二〇一〇年一二月、新宿ロフトプラスワンのトークイベントで結成された「団地大好きユニット」で、『団地団～ベランダから見渡す映画論～』（団地団）を刊行している。彼らのトークイベントには、遠方からも若者が多く集まる。

近年では、団地愛好家として長く活動してきた照井啓太が『日本懐かし団地大全』（二〇一八年）を発表し、「第二次団地ブームの到来を高らかに宣言」している。[*29]

団地に憧れるひとびとにとって、最新式のオートロック・セキュリティが完備された高層マンションは魅力的ではない。おそらく、一九六〇年代にステイタス・シンボルとして団地にあこがれていたひとびととはまったく違った視点での近年の「団地ブーム」は、一九七〇年代に団地を去って行ったひとびとには想像もつかないない、もしくは理解に苦しむ現象と映るだろう。

一九七〇年代前半頃までの団地は、発展・社会的上昇の象徴であり、その負の側面として閉塞性が指摘されてきた。しかし、団地は高度経済成長期のたんなる負の遺産ではない。たしかに、社会的な成功者が多く住んだ団地が、二〇〇〇年以降、低所得者層や高齢者、外国人労働者が集中する居住空間となっているのは事実である。しかし団地愛好家らは、そのような団地を、改善、改良が必要なもの、あるいは「負の遺産」として捉えずに、「愛でる対象」として——負の部分さえも一緒に——あらたな意味づけを与えたのだ。彼らにとっての団地イメージは、それまでのものとはまったく異なっている。

団地に居住するひとびとのなかには古い建物を取り壊してインフラの整った「きれいな」建物に再建するのを望む声が少なくない。松原団地も、古びた低層の団地がつぎつぎに建て替えられ、駅前には高層マンションが並ぶ。それを美しいと思うひともいるだろうが、団地愛好家にとっては、巨大な新しいピカピカの集合住宅は「萌える」対象とはならない[*30]。

こうした愛好家たちのまなざしからは、団地という記号が、たんなる住空間を超えたなにかであることがわかる。それは自己表現のための記号であり、個々の美意識や嗜好を表すためのツールでもあるのだ。

4 二つの閉鎖性とイメージの変容

一九六〇年代を団地で過ごしたという宮台真司は、団地的郊外の歴史的変化を、「狭義の団地化」から「ニュータウン化」への二段階に分けている。一九五六年、日本住宅公団が日本で最初の団地を造成してから一九七〇年の大阪万博までを前期団地化とし、後期のニュータウン化を一九七二年のニクソンショックと翌年のオイルショックを経て安定成長時代から現在にいたるまでとしている。すなわち、前期は「重化学工業重視型の高度経済成長時代であり、モノの豊かさを求める「近代過渡期」の晩期」であり、後期は「モノの豊かさが飽和して、そこから先、何が幸いなのか良きことなのかが各人各様に分化する「近代成熟期」に相当する」という［宮台 2004:423-4］。

この二つの段階の決定的な違いは、前期の団地化においては「郊外が「閉じた均質空間」ではなかったこと」であり、「旧住民と新住民が入り交じったマダラ模様を形成し」ていたのに対し、ニュータウン化の時代（郊外化後期）になると、「周囲のヴァナキュラーなものへと開かれた空間」は大きく変容し、「急速に拡がっていくニュータウンは、かつての団地とはまったく異なる、一つの閉じた宇宙」になった。この過程を宮台は、「開いた郊外から閉じた郊外へ。ハイブリッドな空間から均質な空間へ。絶えず拡大しつつあった団地から、トータルにゾーニングが貫徹したニュータウンへ」の移行だと分析している［Ibid.:424］。

「開いた郊外から閉じた郊外へ」という見解を本論の議論に即して展開するならば、「狭義の団地化」と呼ぶ一段階目では、団地という領域は社会に開かれており「閉じた均質空間」ではなかったものの、そのかわり各世帯ごとのハコ的閉鎖性がより強かったといえよう。『しとやかな獣』や『団地妻』に描写されるような、狭い鳥籠としての団地の一室が、開かれた団地の敷地にずらっと並ぶようなイメージである。

一方、一九七〇年以降の「ニュータウン化」と呼ぶ第二段階では、まさに地域（タウン）としてのムラ的閉鎖性が強まってきたことが指摘できる。ただし、そのムラ的閉鎖性は、均質な空間だけをつくりだしたわけではなかった。団地愛好家の観点からすると、団地内部のディティールには語りつくせぬほどのヴァリエーションがあり、各団地の個性がみてとれるという。

彼らのなかには、団地の一部分を写真や映像で見て、それがどこの団地かをあてられるものもいる。どこにでも見られるような団地の風景も、団地を知りつくす愛好家にとってはそれぞれ個性的な風景であり、また、そこで育った子どもたちにとってはかけがえのない故郷、愛着のある「私たちの場所」になり得るのである。

一九九九年公開の塩田明彦監督の映画『どこまでもいこう』では、閉じた宇宙ではありながらもハイブリッドな場所としてのニュータウンが淡々と描かれている。郊外のニュータウン（実際のロケ地は多摩ニュータウン）に暮らす小学五年生男子二人組、アキラ（鈴木雄作）と光一（水野真吾）が主人公のこの作品は、クラスメイトや先生、家族との人間関係（そのほとんどが団地内において展開される）を軸に、彼らが成長してゆく過程を描いた物語である。

舞台となるニュータウンに住むそれぞれの家族は、無理心中する母子家庭、両親ともにそろってはいるが食卓には父親がいない家庭など、さまざまな事情を抱えている。さらに、登場人物のほとんどが同じ団地に居住してはいるものの、個々の子どもたちは多面性や複雑性をもつ。このことも物語のひとつの軸となっている。「男子」に冷たい同級生の女の子、離婚した母親と暮らす内気な少年、これまでに引っ越しをした回数と同じ数の鍵をジャラジャラと持ち歩く暴力的な鍵っ子転校生などである。[*31]この映画に描かれたニュータウンの姿は、一見「均質的な空間」であり「一つの閉じた宇宙」ともとれるが、さまざまな人間模様がつめこまれた居住空間は閉じた宇宙ではありながらも、決して均質的な空間ではなく、子どもたちの成長に欠かせない社会の縮図となっているのである。[*32]

団地からニュータウンを経て、近年は、最新型の集合住宅であるタワーマンションが関心を集めている。そこでは、同じタワーマンション内でも、居住階数によって社会階層が決定づけられる「階数格差」があるという。そういったタワーマンションと（高層の）団地とを、異なる居住空間（社会）として捉え、そこでの人間関係に着目した漫画作品がある。

石山さやか『サザンウィンドウ・サザンドア』（二〇一七年）では、作者みずからが団地に居住して作品を書いているだけあって、団地の日常生活の描写がかなりリアルである。[*33] 舞台は高層階の居住棟がある大きな規模の団地である。そこで繰り広げられる日々の些細な出来事が一二の部屋ごとにそれぞれのテーマで展開され、団地の住民同士がほどよい距離を保ちつつ親密な関係を築いている様子が素朴なタッチで描かれている。

この作品を読むと、たとえ建物は高層であっても、団地というものがたんなる居住のための空間やハコの集合ではなく、生活の場所としての情緒的な「つながり」を生み出すムラ的なイメージで語られていることがよくわかる。

5 おしゃれな団地ライフ
——生活の場としての団地、再び

現代の団地での生活を肯定的に描いた作品からも読みとれるように、近年の団地は、かつてのキラキラしたイメージとはまた別の輝きを放っているように見える。駅名から団地という言葉が消える一方で、古い団地の物件を上手に自分らしくリノベーションして住むことが「おしゃれ」だという感覚が生まれているのだ。原武史の言葉を借りれば「若い世代の団地回帰」の現象[*34]ともいえよう。

テレビや新聞、雑誌の記事などで、しばしば団地生活やリノベーションの魅力などを紹介したものを見かけるが、この現象について、いくつか事例をみてみよう。

まず、NHKの番組でも団地関連の特集がいくつか見られる。「暮らしやすい地域をつくるヒントをあつめた」ウェブサイト「地域づくりアーカイブスvol.24」[*35]には、いくつかの団地関連の動画のなかに「いま、団地がおもしろい」という特集がある。そこでは、「若者たちをひきつけるコミュニティ」として団地生活のリポートがまとめられている。この特集は、つぎのように締めくくられている。

「多くの人たちがひとところに集まって暮らす団地。知らない他人とつきあうのは、時にわずらわしく感じられるかもしれません。でも大山団地の佐藤さんが言うように、人はひとりでは生きられないもの。見知らぬ人たちが何かをきっかけにつながるところから、みんなで楽しさを分かち合う、新しい都会のコミュニティの形が見えてくるかもしれません。」

最近のテレビの民放番組のなかから一例あげると、朝日放送の「大改造!!劇的ビフォーアフター　二時間スペシャル」（二〇一八年九月二三日）において、「番組初の団地リフォーム」が放送された。家族四人で暮らすために、埼玉県内の築四四年の分譲団地の一室を、予算二〇〇万円でリフォームするという企画である。この企画の担当者のひとり、団地への移住をサポートする「団地生活デザイン」代表の山本誠は、団地の活性化やセルフリノベーション、団地でのシェアハウスの支援などに取り組みながら、「団地を住み継ぐこと」を目指した活動をしている。*36 たしかに、リフォーム後の団地の部屋は、すっかり見違えるようになり、ずっと住んでいたいと思える物件になっていた。

一般的な不動産屋では「拾いきれないような」個性的な物件の魅力を掘りおこし、それを紹介する東京R不動産は、物件の紹介のほか団地リノベーションをテーマにした書籍も発行している（『団地に住もう東京R不動産』二〇一二年など）。さらに、『団地リノベ暮らし』（アトリエコチ編、二〇一三年）では、「いま、団地は「住みごろ」を迎えています」と題して、「さまざまな事情で団地を購入し、自分たちの暮らし方に合わせて改装をして、上質な生活を送っている人たちの住まい」を紹介している（傍点は筆者）。そこには、リノベーションした団地で「上質な生活」を送るひとびとの笑顔が並ぶ。駅名から団地の名を消すことが「イメージアップ」につながるといった考え方とは正反対の捉え方である。

　二〇一一年、筆者はリノベーションした旧多摩平団地を視察したが、想像していた以上に内装がスタイリッシュで、利便性も考えられ、それでいてきちんとプライバシーにも配慮された居住空間であったことが印象に残っている。[*37] 共同キッチンは、まるで無印良品のモデルルームかと思うようなつくりで、こぢんまりした居室も機能的で落ち着いたつくりになっていた。

　そこで感じた「素敵な」暮らしは、一九六〇年代の団地のイメージとは違っていた。比較的所得の高い標準世帯（夫婦と子ども二人によって構成される世帯）が暮らす最先端の集合住宅というより、さまざまな属性の居住者がそれぞれのライフスタイルに合った間取りを楽しみながら生活するようなイメージである。

　先に挙げた『団地リノベ暮らし』が紹介するリノベーションした団地に住むひとの例は、まさにそのイメージに合致したものとなっている。団地居住者の例として、「本好きの家主と書道教師の妻が二人で暮らす」「工業デザイナーと猫一匹のゆったりとした暮らし」「男一人のきままな住まい」などがずらっと並んでいる。

もちろん、「素敵な団地暮らし」はイメージの域を出ないが、これらはあくまでも「イメージ」であることは否めないが、そのイメージが不動産価値（さらには路線価）を決める要素のひとつであるとするならば、団地への肯定的なイメージもまた無視することはできない。

団地は、それを語るひとによってさまざまな顔を見せる。本章では、羨望と忌避と偏愛のなかに漂う団地という記号を、それがなにと差異化され、どのように表象されているか、整理してみた。そして、近年の団地イメージは、羨望、忌避、偏愛とも違う、快適な日常生活を提供するコミュニティとして捉えられていることも見てきた。

次章では、松原団地駅の駅名変更と松原団地の水害をめぐる記録と思い出について、ひとびとの語りを手がかりにみていこう。

注

＊1　一視聴者である「私」がそこから読みとるもの／ことはすべて、「私」自身の社会的背景をもとに読みとられたもの／ことである。ある映画を観たり、ある文芸作品を読むなかで「私」が驚いたもの／ことに、他のひとが驚くとは限らない。それだから、本論での団地の（客観的）分析は、筆者である「私」自身の文化的・社会的背景の発見でもある。

＊2　たとえば、カンヌ映画祭のパルムドールを受賞した『万引き家族』（是枝裕和監督、二〇一八年）について対照的な感想があった。社会の不条理や経済的・社会的弱者の窮状をえぐり出した作品だと評価するひとがいる一方で、犯罪者を擁護し犯罪を助長するような作品だとする批判もあった。

＊3　映画評論家の佐藤忠男は、映画というものが「低俗視される新興の表現手段」でありながら、だからこそ若年層や女性などの「従来発言の乏しかった社会階層」の声を代弁し、次世代の文化をつくり上げてゆくという側面があると述べている［佐藤忠 1993:268］。

＊4　速水健朗は、宮部みゆきの『理由』などの東京湾岸の高層住宅を舞台にした作品に描かれた「不安」を三つの要素に分けている。第一は高層住宅というテクノロジーがもたらす不安、第二は湾岸、埋立地、川沿いといった地域の都市開発への不安、第三は地域共同体から切り離された主体が晒された不安だという。とくに第三の地域共同体を失うことへの不安については、果たしてそうだろうかと、つぎにように疑問を投げかけている。「団地やマンションといった新しい住宅の登場によって、個人や家族は隣・近所・町内会から切り離されるという論理は、これまでに繰り返し語られてきた。だがこれは疑ってかかるべきである。タワーマンションが登場すると、それまで密だった近所のコミュニ

ティが失われたといわれるが、この手の話は、団地住宅が登場したときにいわれたことの繰り返しにすぎない。一軒家であろうが、長屋であろうが、隣近所の密なコミュニティーはない場所にはない。農村社会から都市社会へと移り変わる必然として、「核家族」は共同体から切り離され、「不安」を余儀なくされた。それをいつまでも繰り返し語り続けることにたいした意味はない。」[速水 2016:86]

＊5 本論でいうところの閉鎖性は、必ずしもネガティヴな意味ではない。

＊6 竹中自身も妻、娘、息子とともに団地に居住し、一九六四年五月からは高根台団地（千葉県）の自治会長を務めていた。

＊7 以下、映画のなかのセリフについてはすべて、映画の音声から筆者が書き出したものである。

＊8 この『団地妻　昼下がりの情事』の大ヒットを機に、日活のロマンポルノ路線は定着した。その背景には、徹底的な制作費の削減や当時の独身男性をとりまくメディア環境などがあった。その後、一九六〇年代に各家庭にテレビが普及し、一九八〇年代には家庭用ビデオ機器も普及したことも手伝って、アダルトビデオが人気を集めた。その結果、ポルノ映画は「苦戦を強いられ」、一九八八年、日活ロマンポルノは一七年の幕を閉じた[原田信 2008:135-6]。しかし、インターネットの普及によって、今なおロマンポルノ・シリーズは一部の愛好家の関心を集め、ビデオやＤＶＤ、関連書籍などが発売されつづけている。

＊9 文屋俊子は、板橋区の団地を事例に、団地の理想的イメージをつくり上げるために、周囲との差別化が図られていたことを指摘する[文屋 1990]。詳細は本書第3章を参照。

＊10 このほか対談の相手は、埼玉県の上福岡団地から転出したばかりだった映画評論家の佐藤忠男。

＊11 これについては、本書第3章と第4章参照のこと。

*12　団地と戸建てとの文化的な違いを幼少期に感じとっていた多和田は、現在では、異文化・異言語のあいだを行き来する小説家となった。

*13　『ピカ1』および『ピカ2』の舞台となる団地は、三つの橋によってのみ外との行き来が可能とされており、この作品における「橋」は、団地と外の世界との結節および分離の象徴として効果的に用いられている。

*14　シュンの父親（山崎一）は、この団地のローカル・ラジオのＤＪという設定であり、彼ら親子の団地への深い帰属意識が、物語の随所に現れてくる。物語のキャラクターのひとつとして「地域メディアの担い手」が設定されていることもまた、ムラとしての団地を考えるうえで重要である。

*15　さらに、『みんさん、さようなら』の物語の後半では、建替えが進む団地とともに、外国人居住者との交流も描かれている。

*16　『ピカンチ』両作品の原案は、一九七六年生まれの井ノ原快彦（主演の嵐と同じ芸能プロダクションに所属するアイドルグループV6のメンバーのひとり）の幼少期の体験がベースとされており、彼の過ごした団地生活は一九七〇年代後半〜一九八〇年代にかけてと推察される。

*17　小学校にあがる直前に国立市に引っ越した多和田は、そこを「ヨーロッパを真似すれば洒落ていると思っているらしい田舎くささ」が現れている駅前と、農村的で落ち着いた「それでいて、どこか説明しがたい不思議な雰囲気」の谷保の中間の団地地帯、「無機質な、それでいて一番人間のたくさん住んでいる地帯」と表現している［多和田 1999:31］。

*18　この映画は是枝監督自身が九歳から二八歳まで過ごした団地での体験をもとにしており、自己投影している度合いが高い作品であるという（Real Sound　二〇一六年五月一五日インタビューより。

https://realsound.jp/movie/2016/05/post-1696_2.html)。ロケ地については「別の団地にも当たってはいた」が、結果的に、監督自身が幼少期を過ごした清瀬の団地（東京都）で撮影許可が下りた。「最初に自分が脚本で書いていた間取りも、そのまままあの間取りで。自分がずっと生活していた部屋と、まったく同じ間取りの部屋まで借りることができてしまった（笑）。（略）だから、自分の記憶の中にある原風景が、そのまま映画の中で画になっているという初めての作品なんです。ただ、主人公と自分をどれだけリンクさせているかっていうのは、もちろんイコールではないです。そこから少しは離さないと、笑えないんですよ。」

＊19 実際には、是枝の母親は生涯を団地で暮らすことを前提にはしていなかったようだ。是枝は原武史との対談で、自身の母親についてつぎのように述べている。「（母親は）団地をいつか出て行くと思っているから他の住人とあまり仲良くしないんですよ。特に音が響く上下の部屋とはなるべく付き合わないようにしていた。結局、出られないままでしたが、そういった母親の屈折した思いも踏まえつつ、でも団地という場所を否定的には描きたくないという気持ちがずっと根っこにありました」［原 2019:425-6］。

＊20 実際、当時のひとびとの団地へのあこがれを、鉄道会社も見逃さなかった。一九六〇年代初頭は、松原団地駅（東武伊勢崎線）や高根公団駅（新京成線）をはじめとして、「わざわざ団地にちなんだ駅を開業させることで、沿線のイメージも高めることができた」時代であったのだ［原 2007a:72］。

＊21 詳細は［岡村 2011a］。「廃れている」と見なされた場所が再び脚光を浴びるという点において、団地ブームと下町ブームとは類似しているようにも思える。

＊22 一九五〇年代、イギリスの社会学者R・P・ドーアが調査した典型的な山の手と下町の「あいだ」は、

＊23 「郊外」ではなく、現在の東京都内の谷中や根津近辺であった。詳細は［R.P.Dore 1958=1999］を参照。団地とは少々異なるが、集合住宅という点においては、アパートをめぐる考察も参考にしておきたい。植田実は、鶯谷アパートメントについての聞き取りをもとに、つぎのように観察している。「水洗便所などの最新設備も革新的だったに違いないが、一般の人たちには何よりもアパートメントは「家」とは違う、未知の都市建築だったのである。」［植田 2004:56］

＊24 これについて竹井は「公的セクターが「コミュニティ施設」をつくりながらも、当て込んだ〝コミュニティ〟が予想に反して形成されないという「物理的決定」の破綻をも証明して」おり、こうした劣化したニュータウンでは経済力や体力のある居住者はつぎつぎと転出していき、あとには転出することが適わない高齢者をはじめとする生活弱者が残るのが常である」と述べている［竹井 2007:127-128］。

＊25 筆者は第二回と第三回のダンパクを取材した。なお、入場者数や第一回の様子については、ダンパクを主催した「プロジェクトD」メンバーのひとり、団地ディレクターで建築家の吉永健一氏とのメールのやりとりによるものである。

＊26 その女性は、「団地在住団地大好き乙女」と自己紹介していた。

＊27 大阪、四ツ橋駅より徒歩三分のＣＡＶＥ。このバーは曜日によって趣向が変わり、「団地バー」は第一、第三土曜日（第五もあれば営業）で開店していたが、「団地好きによる団地を話すスペースを定着させるという当初の目的は達成できた」ため、二〇一二年九月二二日に終了。詳細は「団地徒然日誌Ⅲ」http://codan.blog.shinobi.jp/ を参照。

＊28 公式 Twitter によれば、現在は団地団のメンバーに、今井哲也、久保寺健彦、山内マリコ、稲田豊史、

妹尾朝子が名前を連ねている（二〇一九年八月一日閲覧）。

＊29　照井によれば、第一次団地ブームは、「昭和三〇年代半ばから昭和四〇年代前半頃にかけて、日本住宅公団が凄まじいスピードで団地を建てていたころのこと」であるという。その後、高度経済成長期を経て、団地が「画一化の象徴」などと言われるようになったが、二〇〇八年頃から「その潮目が変わって」団地の魅力が再認識されはじめたのが第二次団地ブームである。それについて、照井はつぎのように述べている。「最近では若い世代を中心に、団地見学ツアーやトークショーなども開催されており、私のように団地が好きすぎて実際に入居してしまった、通称〝住み団〟もたくさんいる」［照井 2018:3］。

＊30　ただし、新しい団地を評価する愛好家もいる。先のダンパク3にて、公団住宅を五軒「渡り歩いた」という男性は、現在建て替えられた新しい団地も、ものによっては五〇年後に「いい感じ」になると思うと語っていた。

＊31　その転校生がジャラジャラと鍵を持っている詳細な理由について、映画の本編には説明がいっさい出てこないが、DVDの特典映像の「監督インタビュー」のなかで、塩田自身がそのように語っている。

＊32　監督の塩田明彦がメイキングのなかで語るところによれば、この作品のロケ地である多摩ニュータウンは「時代がよくわかんない、へんな街」で——だからこそ映画化するのがおもしろかった——、このニュータウン内で、ロケ場所を探しながら、歩きながらシナリオを書きすすめていったという。

＊33　写真家の茂木綾子によるインタビューでは、越谷市の新興住宅地で育った石山は「団地といったらたまに映画を観に行く途中に見かけた松原団地が唯一の記憶で、四角い建物が並んで立っている姿がカッコイイと思っていた」と語っている［茂木 2017］。

＊34 『本』二〇一六年九月号、二四―二五頁。

＊35 https://www.nhk.or.jp/chiiki/closeup/detail/24.html（二〇一九年八月一日閲覧）

＊36 公式ウェブサイト http://danchi-diy.com/profile には、つぎのように綴られている。「約四〇年前、都会で働く人たちのために大量に供給された団地たち。当時団地は、最新の暮らし、憧れの住まいでもありました。いまの団地は最新とは呼べず、憧れではないかもしれません。ですが、よく見てみると、緑の多い環境だったり、風通しの良い部屋だったり、そこには新しさだけでは計れない贅沢な暮らしがあります。四〇年間、そこに暮らす人たちの暮らしを支えてきた団地。これから、どんな暮らしを団地で創っていくのか。そこにはたくさんの可能性が秘められてます。」

＊37 詳細は、「東京都日野市「多摩の森」視察会報告」『地域総合研究』第五号、四七―五五頁。

第2章

ローカルな記憶の記録

1 日常を記録するということ

二〇一七年四月、筆者が勤める獨協大学の最寄り駅の駅名から「団地」という文字が消えた。それと時期を同じくして、広告や看板、店名からも「団地」が消えていった。駅前の郵便局の名前からも「団地」が消えた（写真2－1）。いくつかの店舗の支店名としては現在も「草加松原団地」という表記が残っているが、かつての団地の建物は一棟も残っていない。

地域の風景や雰囲気になんらかの感情をもち、それを記憶するのは、その地域の居住者だけではない。来訪者の記憶にも残る。そこを一時的に通り過ぎるひと、通勤・通学のひとが、個人宅の窓辺の花や夕方の明かりを見て、そのときの感情とともにその風景を記憶する。地域の記憶とは、そこに居住しているか否かに関係なく、その場所に足を踏み入れたすべてのひとびとのものでもある。本書で取り上げる松原団地も、住民だけなく、隣接する大学の教職員・卒業生の記憶にきざまれている。

筆者は「地域と大学との連携」を模索するなかで、地域の老若男女が安心して散歩できる環境をキャンパス内につくることや、地域住民向けの講座を提供するといったこととならんで、社会の諸事象を記録し、そこに学問的な価値を見出すという営みもまた、連携を実現するひとつの方法であると考えている。

一般的には取るに足らない当たり前のこととして見過ごされてきた事柄を、研究機関としての大学が記録し、多角的な側面からその価値を捉えなおす。その研究成果は、莫大な利益を生むとは限らず、華々しい発明や発見とはいえないかもしれない。しかし、コスト削減や消費動向への対応を理由に、あっさりと工場や店舗を閉鎖・移転する営利企業とは違い、教育・研究機関である大学には、その土地に根を下ろし、地元で「知」を醸成することが期待されている。

そうした取り組みからは、大学から地域に向けて知を提供するという方向性だけでなく、同様に、地域社会から情報や知が大学に提供されるという方向性も生まれる。そうした双方向の知のやりとりが、地域を活性化することに役立つのであれば、これほどうれしいことはない。知のランドマーク・タワーを、地域住民ももっと楽しんでよいはずだし、象牙の塔の住人もひきこもっていないで眼下にひろがる地域にもっと関心を向けてもよいのではないか。

漠然とそういったことを考えていた矢先、幾人かの年上の同僚や大学周辺の住民から、地域に関する興味深い思い出話を聞いた。それが契機となって、折に触れて団地に関する資料を集め記録しはじめた。本章では、さまざまな証言や資料のなかからとくに「団地駅」と「水害」に関する記録を取り上げて紹介したい。

紙媒体にも電子媒体にも残らない「重要な」情報も数限りなくある。世界中のあらゆる情報すべてを収録するにしても限界があり、膨大な量の情報蓄積・利活用が可能なシステムがあったとしても、だれも閲覧できない状況では、その情報は無に等しい。だからこそ、取るに足らないと見なされてきた日常の記憶に価値づけをし、意識的に記録をすることが貴重なのである。

2　さようなら、松原団地駅

駅名が変更されるまで

前章では、映画や文芸作品のなかのさまざまな団地イメージを見てきたが、一九六〇年代初頭は鉄道会社が駅名に「団地」や「公団」を入れることで沿線イメージを高めようとした時代であった［原 2007a:72］。しかし近年、駅名から「団地」という単語が姿を消すという事態が起きている。

二〇一七年四月、「松原団地」駅は「獨協大学前〈草加松原〉」駅に改称された。その前年の六月二二日、東武鉄道の公式ウェブサイトに、東武鉄道株式会社、草加市、松原団地駅名変更協議会の連名で、つぎのような文書が発表された。[*1] 駅名変更に至る経緯とその理由が説明されている。

「東武鉄道（本社：東京都墨田区）では、二〇一七年春に東武スカイツリーライン松原団地駅（所在地：埼玉県草加市）の駅名を「獨協大学前〈草加松原〉」に改称します。松原団地駅は、一九六二年に建設され、当時〝東洋最大規模のマンモス団地〟と言われた松原団地の最寄駅として、同年一二月一日に開業しました。その後、一九六四年に獨協大学が開学し、各種文化施設が整備され、文化都市として発展し、現在も多くのお客さまにご利用いただいております。

このようななか、埼玉県草加市では、現在、独立行政法人都市再生機構（UR）による「松原団地」の建て替えおよび市街地の整備が進展していること、二〇一四年三月に旧日光街道の「草加松原」が国指定の名勝地〝おくのほそ道の風景地〟となったこと等から、草加商工会議所を中心に、「松原団地 駅名変更協議会」が設立され、今般、草加市及び同協議会の連名で当社に対し、「松原団地」の駅名を「獨協大学前〈草加松原〉」に変更して欲しい旨の要望が提出されました。

当社としても、開学以降、地域と歴史を重ねてきた「獨協大学」を駅名とすることで、「大学のあるまち」を想起させ、地域のイメージアップを図れるとともに、副駅名として国指定の名勝地「草加松原」を採用することで、観光地としてのPRにもつながることから、駅名を改称することといたしました。

今後も当社では、地域とともに沿線価値向上を目指してまいります。」

獨協大学のある教員の記憶によれば、すでに彼が獨協大学の学生だった一九七〇年代前半頃から、大学関係者や学生から「獨協大学前駅」に駅名を変更してほしいという要望は出ていたというが、東武鉄道が駅名から「団地」を消すことによって「(松原団地駅周辺の)路線価向上をめざす」動きに本腰を入れたのは、二〇一二年以降と思われる。

『獨協大学学報』(二〇一八年三月刊)によれば、大学は二〇〇四年頃から駅名変更を草加市や東武鉄道など各方面に働きかけてきた。これ関わった教員のひとりは、「梶山学長の時代に(駅名に大学名を入れることを)東武鉄道のある役員に打診した」ところ、まったく相手にされず「けんもほろろ」だったという。その後、草加市の商工会議所も加わり、駅名変更を望む一万人の署名をもって草加市に要望を伝えたものの、団地居住者を中心とする周辺住民の猛烈な反対にあい、計画は頓挫。二〇一二年頃(犬井正学長)になって、「ようやっと動き出した」[*2]。

当時は、松原団地の建替えが進み、建物の名称が「松原団地」から「コンフォール松原」に書き換えられつつあった。そのようななか、「市民による駅名変更への機運が高まりを見せた」きっかけは、草加市制施行五〇周年を契機に草加市民の代表で構成され発足した「駅名検証懇話会」(二〇〇九年一一月に発足)の提言であった[*3]。懇話会では、草加市内の駅と地域の結びつきが議論され、「松原団地駅については、五〇年後の将来に向けて、まちの魅力を高めることを主眼とした駅名に変更することが望ましい」とした提言を、二〇一一年、草加市に提出。その後、草加商工会議所を事務局として「松原団地駅名変更協議会」が発足し、協議会は二〇一五年二月、「獨協大学前〈草加松原〉」への変更を草加市から東武鉄道に要請するよう、要望書を提出した。

まったく反対意見がなかったわけではない。むしろ、松原団地自治会からは駅名存続の強い要望も出されていた。それについて、『獨協大学学報』にはつぎのように記録されている。

「松原団地駅地元の草加松原団地自治会からは、愛着ある松原団地駅の名称存続の意見が多く、協議会が説明会を実施したものの駅名を変更することへの理解は得られなかった。しかし二〇一五年十一月には、同自治会から草加市議会議長あてに現駅名存続の嘆願書が提出されたものの、賛成少数によりこの請願は不採択となった。」[『獨協大学 学報』No.34, 2017:17]

その後、草加市が駅名への名称使用について獨協大学宛てに依頼文書を出し、大学側がこれを受諾。それを受けて草加市と駅名変更協議会が連名で「獨協大学〈草加松原〉」という駅名への変更を東武鉄道宛てに正式に要請。これを東武鉄道は受理し、「獨」という旧字体もそのまま了承したという。*4 そして、二〇一六年六月に駅名変更を正式に発表。冒頭の引用文はそのときに発表されたものである。

「団地」への評価

公式に発表された駅名変更の説明文からは、駅名に「団地」を入れることで沿線イメージを高めようとしていた時代から五〇年を経て、今度は、「団地」を消すことで沿線価値の向上を期待するようになったことが明白に表れている。若々しい大学の街のイメージを打ち出し、路線価を少しでも上げたいひとびとにとっては、駅名変更は好ましい出来事であった。とくに松原団地に居住していない草加市民からは、駅名変更は歓迎すべき出来事として語られることが多い。筆者が実際に耳にした市民の声は、つぎのようなものであった。

小さい頃に草加市内の一戸建に転居してきた女性（二〇代）は、「団地に住んでないのに、（最寄り駅が）松原団地っていうと、友達とかに「団地に住んでんの？」って聞かれてすごい嫌だった」と語った。さらに、駅近くの子育て支援センターに乳児を連れてきていた女性（三〇代）にも、駅名変更の二年前、その感想を聞いてみると「松原団地はもうないのに駅名が〝団地〟は変ですよね」と苦笑した。

一方、松原団地の元住民や建替え後も住みつづけているひと、団地に愛着をもつひとたちにとって駅名変更は、寂しい出来事であったようだ。

一九八〇年代から現在まで松原団地（現・コンフォール松原）に居住しつづけてきた男性（六〇代）は、「大学さんとしては大学名がつくのは嬉しいでしょうけど、われわれは、やっぱりね……獨協の先生を目の前にしては言いにくいんだけど」と言葉を濁しながら、駅名変更に対する複雑な思いを吐露した。「やっぱりね、愛着があるよね。ぼくらここ（松原団地）に何年も住んできたわけで」。この松原団地に長く住みつづけ、建て替えで見慣れた風景も変わってしまった。そのうえ駅名までも変わってしまうのは、やりきれない思いなのだろう。

政治学者の原武史は、この駅名変更について、すでに変更前年の夏に自身のTwitterにて、「団地」の付いた駅名が消えるという衝撃について綴っていたが（二〇一六年六月二二日）、その後に発表したエッセイではつぎのように述べている。

「なぜ「団地」だけが忌避されるのか。確かに団地のイメージはよくないかもしれないが、だからと言って「大学」のイメージがよいわけでもない。（略）それなのに、駅名に「大学」を付けたがるのは、高齢者しか住んでいないイメージの付きまとう「団地」よりも、若者が多く利用しているイメージが付く「大学」の方がよいと判断するからだろう。だが、私自身が再三触れているように、団地はまさに今変わろうとしている」[*5]

団地をめぐるさまざまな変化について、原はＵＲの試行錯誤が若い世代の団地回帰を促している現状を指摘しつつ、将来的に住環境としての「団地」およびその呼び方に愛着をもつ住民が出てくる可能性を示唆し、「今の住民の声だけを根拠に」駅名を変更する／しないということが「はたして望ましいのか」と疑問を呈している。

これは、私たちの生活環境（私たちの場所）を長期的視野に立って考えるうえで、きわめて重要な問いかけではないだろうか。原が指摘するように、生活圏としての街は「今の」住民だけのものではない。そもそも街づくりの方向性は、数年単位で考えるものではなく、まして経済合理性の論理だけで結論を出していいはずはない。

さようなら、松原団地駅

駅名から団地が消えた。この事実は、近隣住民や駅の利用者にとってだけではなく、各種雑誌や新聞においても注目すべき街の話題となっていた。

深夜のテレビ番組「夜の巷を徘徊する」（テレビ朝日、二〇一八年六月一五日放送）では、タレントのマツコ・デラックスが「気になる駅名」のひとつとして松原団地駅をあげ、「（駅名が）なくなっちゃったのよぉー」と嘆いた。駅前のロータリーで新しい「獨協大学前〈草加松原〉」という駅名表示を見ながら「なんかガチャガチャした看板ね」とコメントし、その後「松原団地から駅名の座を奪ったところ」（すなわち獨協大学）にむかい学生と交流をするという流れで番組は構成されていた。視聴者のなかには、獨協大学が「駅名の座を奪った」というこの表現に苦笑し、深くうなずくひともいただろう。

公的な記録では駅名変更はとにかく「喜ばしいもの」であり、肯定的に受け止めるべき出来事、いわば祝祭という色が濃く出されている。たとえば、駅名変更に関連する記念切手や記念乗車券（写真2-2）の販売はその代表であろう。

松原団地自治会が発行する『会報まつばら』に掲載された、駅名変更に関する記事を見てみよう。二〇一七年三月二〇日（第六四八号）には「駅名変更　カウントダウン始まる」という見出しの下に、一九六三、六七年に撮影された松原団地駅の写真が掲載された。さらに、祝祭の頂点でもある「記念式典」（二〇一七年四月一日）が開催され（写真2-3）、同年四月二〇日（第六四九号）には、その様子が掲載されている。

駅名変更が目前に迫った二〇一七年三月二五日、筆者のゼミの学生と卒業生が松原団地駅に集まり、松原団地駅とのお別れ記念撮影会を行った。松原団地と書かれた表示や切符などをみつけてはつぎつぎに記録していった。同じように別れを惜しむ高齢の男性が、学生たちに話しかけてきた。彼もまた、松原団地駅を長いあいだ記録しつづけてきたのだという。

駅名変更前夜、電光掲示板には「ありがとう松原団地駅」という文字が流れていた。撮影者

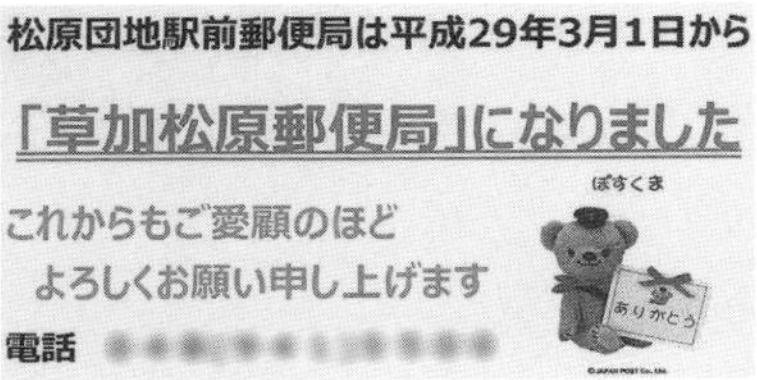

写真2-1　松原団地駅前の郵便局のチラシ（2017年）

写真 2-2　駅名変更の記念乗車券（2017 年）

写真2-3　「獨協大学前〈草加松原〉」駅誕生記念式典（2017年4月1日）

写真2-4　駅名変更前夜の松原団地駅改札口の電光掲示板（2017年3月31日）

は、二〇一七年三月三一日の夕刻、「あっ！そうだ」と思って咄嗟に撮影したのだという（写真2－4）。

過去の松原団地駅の記録写真

さて、以下では松原団地駅が現在の高架になる前の様子を中心に、過去の記録写真を見ていこう。まずは、一九八八年一〇月一五日、高架複々線工事中の松原団地駅の様子が記録された写真を2枚紹介しよう[*6]（写真2－5・6）。

この工事が行われる前は、松原団地駅西口広場は、阿波踊り（写真2－7）や草加市立栄中学校野球部の関東大会優勝のセレモニー（一九七六年八月）が行われるなど、さまざまな催し物の会場として利用されていた。

現在ではあまり目にしなくなったストライキ時の駅の様子を記録したものもある。少し時代は遡って、一九七〇年四月三〇日、朝から私鉄がストを決行していた。写真2－8は、「スト決行中」の手書きの立て看板が立つ松原団地駅の改札である。構内の時計から察するに朝の九時八分頃で、ふだんであれば通勤通学客でにぎわう駅がしんと静まりかえっている。

つぎに紹介するのは、駅前の放置自転車問題に関する記録である。写真2－9・10は一九七八年六月五日に撮影された駅前の放置自転車の様子である。放置自転車をめぐっては、現在も頭を悩ませている自治体が少なくないが、東口バス停を飲み込むかのような当時の自転車の海には啞然とさせられる。奥のほうに自転車を停めたひとは、戻ってきたときに無事に自転車を出せたのだろうか？　自転車の撤去後、西口広場はすっかり広くなった（写真2－11）。写真2－12は、一九七六年頃の駅前の東武ストアを撮影した写真で、同様にたくさんの自転車が雑然と置かれているのがわかる。

最後に、一九六〇年代終わり頃の松原団地駅（西口）の様子を伝える写真を二点紹介したい。写真2－13は一九六九年の撮影で、松原団地入居直後の新婚夫婦の仲睦まじい様子が微笑ましい。背後に写っているのが高架になる前の松原団地駅である。当時、団地内には各ブロックごとに商店街があり、駅の西口前には東武ストア（写真2－14）もあったが、現在のように深夜営業をしていなかったため、都内で働く主婦にとって買い物は一苦労だったと写真提供者はいう。

五〇年という歳月の、松原団地駅（およびその周辺）に関連した写真のほんの一部を紹介してきた。これから獨協大学に入学する学生やこの近辺に転居してきたばかりのひとにとっては、「獨協大学前〈草加松原〉」駅が当たり前の光景になるだろう。

他方、新しく建て替えられた団地に住替えた旧住民の一部は、今なお複雑な気持ちを抱えている。それは、時代の変化を受け入れつつも、長年親しんだ「松原団地」という名称が、駅名

写真2-6　高架複々線工事中の松原団地駅西口（1988年10月15日）

写真2-5　高架複々線工事中の松原団地駅のホーム（1988年10月15日）

写真2-8　「スト決行中」の看板が立つ松原団地駅改札（1970年4月10日）

写真2-7　松原団地駅西口広場で開催された高円寺葵新連の阿波踊り（1975年）

写真2-9　放置自転車であふれる松原団地駅西口広場（1978年6月5日）

写真2-11　放置自転車撤去後の松原団地駅西口（1978年6月17日）

写真2-10　放置自転車がせまる松原団地駅東口のバス停（1978年6月5日）

写真2-12　駅前の東武ストア周辺の自転車（1976年頃）

写真2-13（右）　駅西口のベンチに座る松原団地入居直後の新婚夫婦（1969年）
写真2-14（上）　駅前の東武ストア（1969年）

から、そして地名からも消される寂しさがあるからだ。自分が歩んできた歴史やさまざまな記憶が消されてしまうような感覚なのではないだろうか。ある住民は、駅名変更の記念グッズを筆者に見せてくれた。それらはていねいに保管されていた。記憶を「物的証拠」として記録しておきたかったのだろう。

3 水害についての私的記録

ある一家のアルバムから

一九七〇年代から八〇年代にかけて松原団地に住んでいたKTさんの自宅には、古いアルバムが何冊もきちんと整理されてあった。一家の歴史がぎっしり詰まったアルバムのなかには、団地の歴史もしっかり納められていた。そのなかに松原団地の水害の記録を見つけた。

台風のたびに水害に見舞われた松原団地を、「水の都」と呼ぶひともいる。[*7] 実際、住民たちはたいへんな思いをした。建設当初は水不足による断水に悩まされていたが、一九七〇年代以降、大雨による浸水被害が深刻になっていった。松原団地の歴史を年表にまとめた開本嘉仁・佐藤竜也によれば、一九七四年七月に松原団地水害対策協議会が発足し、それをうけて草加市は廃水施設整備事業や排水路整備事業などの治水事業、水辺環境整備を進めた。[*8]

郷土史家の横山正明は、松原団地建設を機に生じた地域の問題について、児童数の急増と超過密学級、水不足、さらに鉄筋コンクリートの乾燥不足によるダニやズイムシの大量発生、そして水はけの悪さなどを挙げているが、「陸の孤島」と化した水害時の松原団地について、つぎのように記している。

「団地内の道路が未舗装だったためはげしい泥濘《ぬかるみ》となり、通勤通学時には長靴が欠かせなかった。泥んこのまま電車に乗って行くわけにはいかないので、駅に下駄箱を設けて、そこで革靴や運動靴に履き替えていくという生活がしばらく続いた。北越谷などでも〝駅に下駄箱〟の光景が見られたが、松原団地のそれはつとに有名だった。」[横山 2013:61]

「草加松原団地全域が水深一メートル以上冠水し、大人用自転車の荷台まで水没した。水が退くまで一週間近くかかることもしばしばで、小舟を操って行き来した。断水と都市ガス停止が長引き各家庭にキャンプ用卓上コンロが配られたこともあった。栄中では教師が朝登校してくると職員室で池の魚が泳いでいた。」[ibid.:62]

以上の記述からも、松原団地の水害のすさまじさが想像できる。

新聞やテレビも、こぞって住民たちの困惑した表情と水浸しになった松原団地の姿を伝えた。一九八六年八月六日の読売新聞埼玉版（県南）には、つぎのような記事がある。

「草加市の松原団地では団地南側を流れる伝右川が満水となったため団地の雨水が行き場を失い、計三百二十棟（五千九百二十三戸）一階部分がすべて床下浸水した。団地は巨大な沼に浮かんだようになり、東武松原団地駅の東口広場はひざ上から腰がつかるほどの深さ。大雨のたびに浸水する同団地には昨年九月、三時間で三十二ミリの雨量に対応できる地下貯留層が道路下に完成したが、今回の雨量は最大一時間に四十一ミリもあり、せっかくの貯留槽も追いつかなかった。」

当時のことを知る住民や獨協大の教職員に団地の水害について尋ねると、膝を上回る水のなかを出勤するサラリーマンの姿や、彼らの脱いだ長靴が松原団地駅のホームにつづく階段の端に並べられていた光景がよく語られた。救命ボートも出動し、隣接する獨協大学は臨時休校になった。

さらに思い出を聞いていくと、別の様子を少し楽しげに語り出すひともいた。溢れ出した水のなかを、子どもたちは水着ではしゃぎまわり、道路で跳ねるドジョウをつかまえ、ボートを

表 2-1　松原団地のおもな水害

発生年月日	気象名	降雨状況（mm）	綾瀬川の水位（m）	被害状況（戸数）	
				床上	床下
1979 年 10 月 7 日	台風 18 号	87.0	3.21	3	532
1979 年 10 月 19 日	台風 20 号	103.5	3.51	789	7523
1981 年 10 月 22 日	台風 24 号	168.0	3.53	462	5920
1982 年 9 月 12 日	台風 18 号	213.0	3.74	1432	11352
1983 年 6 月 10 日	雷雨	68.5	2.75	3	358
1985 年 6 月 30 日	台風 6 号	128.5	3.72	74	637
1985 年 9 月 6 日	雷雨	66.0	2.71	15	324
1986 年 8 月 4 日	台風 10 号	245.5	3.86	2132	10531
1991 年 9 月 18 日	台風 18 号	236.5	4.10	1683	11168
1993 年 8 月 26 日	台風 11 号	235.5	3.62	652	2910
1996 年 9 月 21 日	台風 17 号	183.0	3.13	46	913
2013 年 10 月 16 日	台風 26 号	231.5	3.29	19	138

出典：開本嘉仁・佐藤竜也 2018「草加松原団地歴史資料集」より、床下浸水 100 戸以上の水害を抜粋。
注：上記以外に、1990 年代前半までは床下浸水が数件～数十件の水害が毎年のように起きている。

出して遊んだ。[*9] KT家のアルバムにはその「証拠」写真があった。それらはいずれも、ひとびとの日常についての、残っていそうで残りにくい貴重な記録である。このような記録を元住民が保管していたことは幸運だった（写真2－15～23）。

元団地住民の証言

かつて団地で小中学生時代を送った元住民で、獨協大学の卒業生でもあるOMさんに、団地周辺の様子や洪水のときのことなどを聞いてみた[*10]（以下、文中の太字は筆者）。

OMさんは、小学校五年生のとき（一九六三年）、神奈川県辻堂の借家から松原団地の3DK（C地区）に一家五人（両親、父方の祖父、弟）で転入。父親は、土木系の会社に勤める転勤族で、母親は専業主婦であった。[*11]

入居当時の様子について、「**今は[*12]A～B地区なんて鬱蒼としていて怖いくらいなのに、まだ樹木も育っていなくて、空が大きいな**」と感じたという（太字は筆者、以下同）。二学期からA地区の栄小学校に、その後、C地区の北谷小学校へ転校。当時、団地の周囲は**一面のれんげ畑**（写真2－24参照）で、**ひばりが啼いていた**。遊び場は、おもに団地周辺の伝右川と工事現場で、作業員に廃材での筏の作り方を教えてもらって川で遊んだり、「（工事業者のひとが）裸電球を伝右川に入れて、ボンッ！ていって川に魚が浮いたり」するのを見て遊んでいたという。

写真2-15（右）鞄を下げた通勤途中の大人と海水パンツの男の子
写真2-16（上）団地内の歩行者路を行くひとびと

写真2-17②　ふだんのＡ地区商店街

写真2-17①　水没したＡ地区の商店街で女の子3人組

写真2-18②　ふだんの西口駅前ロータリー

写真2-18①　洪水時の西口駅前ロータリー

写真2-20　水没した車の脇を少年2人がレジャーボートで通る

写真2-19　団地敷地内で水没する自家用車

写真2-21②　ふだんの松原団地駅東口

写真2-21①　洪水時の松原団地駅東口

写真2-22②　ふだんの松原団地駅東口、栄町2丁目あたり

写真2-22①　洪水時の松原団地駅東口、栄町2丁目あたり

写真 2-23　伝右川で遊ぶ子ども（1970 年代）

写真 2-24　一面のれんげ畑。後景に松原団地が見える（1964 年頃）

写真 2-25　獨協大学正門周辺から松原団地を見る（1964 年頃）

その後、東京都の公立中高に進学。大学は「六大学に行きたかった」が一浪し、「ふと見たら自宅の前に獨協大学があったから」という理由で、一九七二年、獨協大学の九期生となった。卒業後の一九八〇年、新婚の妻とともに松原団地B地区に入居した。OMさんの妻は荻窪の一戸建て育ちで、結婚前に吉川団地（埼玉県吉川市）を見にいったときは「遠くて泣きださんばかり」だったという。松原団地に入居してすぐ、水害を経験。OMさんは「妻の両親は娘をかわいそうなところに嫁にやってしまった、と思ったんじゃないかな」と語っていた。

水害のときは「長靴なんか役に立たない」ぐらい、腿のところまで水が来ていた。「ボートが出ていて、そのなかを出勤していく私を、妻が団地の窓から子どもを抱きながら、いってらっしゃーい！と言って、げらげら笑ってた」ことを思い出すという。その頃は松原団地駅は高架になっていて、駅の階段のところには、通勤客がビジネスシューズに履き替えた後の長靴が両側にずらーっとぶら下がっていた。

その二年後、OMさんは他市に転居するが、実家は松原団地にあり、大学の同窓会活動もしていたことから、松原団地は身近な存在でありつづけた。

松原団地のまわりのれんげ畑や護岸工事されていない伝右川などの自然環境と、そこで楽しそうに遊ぶ子どもの様子は写真にも残されている（写真23～25）。水害のときにはたいへんだったと語りつつも、「げらげら笑いながら」夫送り出す妻の姿や駅の階段のてすりに長靴が並ぶといった光景が微笑ましい。
つぎに松原団地に隣接する獨協大学の教職員からも話を聞いてみよう。

大学と団地、水害の思い出

二〇〇八〜〇九年度にかけてゼミ活動の一環で行われた聞き取り調査の記録のなかから、とくに大学周辺の環境と水害に関連する話をいくつか取り上げてみたい。

調査対象者は、一九六四年に獨協大学が開学して以来、一九八〇年代頃までの獨協大学と松原団地周辺の様子を知っている教職員である。二〇〇八年度は国際教養学部に関係する教職員に、また二〇〇九年度はその他の職員や卒業生に対し、筆者が担当するゼミナールの学生たちとともに聞き取りをした。[*13] インタビューは大学構内（一部電話でのインタビューも含む）で行われ、インタビュー協力者には「獨協大学着任・在学当時の大学周辺の様子」「団地や地域住民との交流について」などについて、三〇〜六〇分程度、個人的な思い出や印象に残っている出来事、気になっていたことなどを自由に語ってもらった。

調査協力者の名前はアルファベットで表記し、カッコ内は性別、獨協大学に勤めはじめた年、当時の年齢・年代、その他に特記すべきことである。

Aさん（男性、一九六六年、二四歳）

・排水路がまだなかった頃、伝右川が氾濫して、住民が船で駅まで行く様子が新聞やテレビで報道された。水が引いた後、道路でドジョウがピチャピチャ跳ねていた。

・伝右川の氾濫に「道路冠水のため全学休校」という措置をとり「道路冠水時の授業措置について」という決まりを私がつくった。

・一九六六年頃の松原団地の駅前はなにもなかった。覚えている店は、タバコ屋、ボーリング場、ラーメン屋くらい。だから飲みに行くなら北千住というのが当たり前だったが、日比谷線直通の電車が通るようになってからは、学生は六本木まで行っていた（当時の獨協大学のセールスポイントは〝六本木まで一本で行ける〟だった）。

・松原団地駅で降りるのは、学生か住民のみ。朝はだるそうに通勤するサラリーマンに会い、帰りは疲れて帰ってきた彼らに会うだけで、松原団地の雰囲気はなにも変わらない。

Bさん（男性、一九六八年、二九歳）

・伝右川には魚や蛇、カエル、釣り人がいた。植物もいろいろあって、この大学に着任したときは、こんなに自然があるところに来られてうれしかった。しかし、一九七一年に始まった護岸工事で矢板が打ち込まれてから、自然の動植物が見られなくなってしまった。

・今の松原団地には、土地に合わない植物が植えられていてかわいそう。
・当時、大学のまわりはすべて田圃で、数駅先も、東武ストアのところも田圃だった。だからハーモネス・タワーが建てられるまでは、獨協大学の中央棟が一番高かった。その後、（大学が建って）人口が急激に増え、田圃は埋め立てられ、田圃は住宅地に変えられてしまった。

Cさん（女性、一九六九年、三〇歳）
・松原団地駅から大学までの通学路が、昔は団地のなかを通る道だったので、学生が（住居のなかを）「覗いた」といって苦情がきたこともあった。
・当時は、松原団地駅から草加駅までが一面田圃で、建物があまりなかった。
・大学の近くの団地には芝生が広がっていて、そこはよく学生たちがお弁当を持ってデートコースに利用していた。それをよく後ろからついていって、冷やかして遊んでいた。
・団地のひとたちとの直接的な交流はなかったが、雄飛祭[*14]のときは、団地住民も含め草加市民とともに、大学から草加駅までの一本道を提灯行列をした。

Dさん（男性、一九七二年、二九歳）
・松原団地駅前に団地の商店街があって、あらゆる種類の店が軒を連ねていた。

・学祭の催しに多くの団地住民や近隣の住民が来場していた。季節外れの花火を楽しみにする声が多かった。

Eさん（男性、一九七四年、三四歳）

・駅は跨線橋《こ》だった。まわりは田圃だらけで、台風の日は駅から学校までが沼になっていた。そういった場合、大学はよく休校になった。個人的には楽しかった思い出かも。
・伝右川は氾濫ばかりで、とても臭かった。

Fさん（男性、一九七八年、二九歳、七年非常勤で勤務した後専任になった）

・松原団地駅は急行の止まらない、ただの地を走る単線だった。現在、噴水となっている場所は、当時は商店街で、小さな本屋、喫茶店、床屋などがあった。
・雄飛祭は子連れの地域住民も楽しみにしており、期間も長かった。

Gさん（男性、一九七八年、三五歳）

・当時は伝右川には、シラサギなどの鳥が見られ、釣りをしている人もいた。
・松原団地駅は昔にくらべれば立派になった。

Hさん（男性、一九八三年、三三歳）

・散策はあまりしないが、かつては桜橋がなかったので、学生や教職員は正門を登下校路として使い、駅までは（道路ではなく）松原団地内を通っていた。松原団地は今より活気があったし（もっと人が住んでいた）、緑あふれていて落ち着いていた。今は歩く気にならない。

・東武伊勢崎線は高架ではなく、地上を走っていた。電車の床は木でできていた。

・東武ストアは当時から駅前にあり、広場に面した食堂によく通った。

・松原団地駅前の図書館はなかった。郵便局の隣に銀行があり、銀行の車庫の上に水害のときのためのボートがつるされていた。

・大学は、現在も子どもたちが散歩しているように、以前から地域の人たちが気軽に通り抜けたりできる環境だった。

Iさん（男性、一九八九年、三四歳）

・松原団地駅のまわりのマンション、ハーモネス・タワーはなかった。東武ストアは八百屋的だった。

・松原団地駅西口もあんなに整備されていなかった。飲み屋や店はほとんどなく、小さな店が長屋のようになっていた。外環自動車道はまだ工事中だった。

・団地のなかに商店街があり、帰りに同僚の先生たちと立ち寄って買い食いしたが、「おいしいものを食べるなら北千住」という感じだった。

・地域交流はあった。二〇〇六年まで行われていた雄飛祭の打ち上げ花火は地元の人たちも楽しみにしていて、職員もビールを飲みながら見ていた。二〇〇七年以降、花火は廃止。時期ははっきりしないが、前々から騒音等に対する地域住民の苦情が出ていた。場をわきまえた行動をとれない、周囲への配慮が足りない学生が増えたことも原因だが、大学周辺住民の増加やひとびとの心の変化も理由の一つでは。以前は学生の行動は大目に見られていた。四年制大学の数はまだ少なく、学生の存在は貴重で大切にしてもらえていたのかも。今は学生と団地住民のあいだに溝ができているかもしれない。

・もともと松原団地周辺は低地帯で、(私が) 獨協に来てからも三回くらい洪水が起こった。現在の中央棟のまわりはほとんど水没してしまうほどで、グラウンドは湖状態になる。そんな状況になる前に授業は休校になった。今も総務課にはアルミボートとゴムボートが保管してある。綾瀬川に放水路がつくられてから一〇年ほど水害は起こっていない。

Jさん (女性、一九九二年、三八歳、一九七九年から松原団地在住、事務職員)

・獨協に勤めだした頃の伝右川は、釣りをしているひとの姿をよく見かけた。台風でよく氾濫していた。道路が水浸しになると、子どもがそこで泳いでいたり、今の駅前の銀行がある場所にボートが準備されていて、そこからボートで移動したひともいた。

・伝右川の氾濫により、大学はよく休校になった。大学のグラウンドは水はけが悪かったので、一週間ぐらい使えないこともあって、学生たちはよく団地のまわりを走っていた。その頃は、（団地住民が）たくさんいて、子どももたくさんいた。

・（大学と地域とは）すごく交流があったと思う。団地祭の花火が獨協大から打ち上げられたり、雄飛祭のときには今よりもたくさんの一般の方が来たりしていた。先生たちも子どもと一緒に来た。

Kさん（男性、一九八〇年、二四歳）

・松原団地駅周辺は、松尾芭蕉の時代の宿場町みたいな、取り残された宿場町って感じだった。「（北千住から見て）草加の先へ行くと狸が出る」と言われていた。

・松原団地駅は高架ではなく、地上を走っていた。

・学生が遊びに行くのはだいたい（日比谷線の接続で行ける）六本木だったかな。

Lさん（男性、一九七八年、二〇代、獨協大学卒業後職員として着任）

・昔は大学のまわりは田圃ばかりでなにもなかった。車に轢かれて潰れているカエルがよくいた。

・松原団地冠水でTVニュースでも取り上げられていた。駅付近の埼玉銀行（現・りそな銀行）からボートが出ていた。

Mさん（女性、一九六九年、二〇代、外資系企業から職員に転職）

・今では考えられないが、買い物をしようにも会社帰りの六時では松原団地駅前はもう真っ暗で、営業している店は少なく、非常に不便な思いをした。[*15] そのため、銀座で途中下車しデパートで買い物をするか、土日にまとめて買い物をしていたように思う。衣類などは東京まで買いに行っていた。

・大学のすぐ横の大通りでは、週末に出店が並び、買い物客で賑わった。夏には夏祭りが開催され、獨協大学のグラウンドを使用し花火が打ち上げられ、夜店が出て、今では考えられないほどの子どもたちで賑わっていた。

・松原団地に対する印象は「洪水」。年に一～二回、洪水があり、一五年くらい前まで駅前が海になり陸の孤島と言われていた。サラリーマンが長靴を履き、革靴を手に持ちボートで松原団地駅まで出勤していた。大学職員は、草加からの迂回路に学生を誘導していた。近くの小学校の給食室やトイレが被害に遭い、汚水が氾濫していた。また、駅前にも最近までボートが備えつけられていた。

・団地のなかだけで生活ができるほど、商店街、薬局、保育園、小学校などあり、環境が整っていた。当時は子どもの数が多く、賑やかな声がどこからも聞こえた。

・団地では、世帯ごとの環境が密になることで、子どもたちも自然と仲良くなったり、親たちも助け合い、近所の子の面倒をみていた。今は一人っ子が多いが、子どもが成長していくうえで団地は最適な場所である。子ども数が多く関係が密になることで、コミュニケーションを必然的にとる機会が増えるからだ。団地内は自動車などの交通の危険もないため、子どもたちが団地内の公園で安全に遊ぶことができた。また、団地に住んでいるひとは教育レベルが高く、そこで育った子どもたちは中学校から進学校に行く生徒が多かった。しかし、家族の人数が増えたり、子どもが成長するにつれ、団地を離れていく流れもあった。

Nさん（女性、一九六七年、二二歳）

・着任当時の大学周辺の雰囲気は、人ものんびりしたのどかなところ。

・当時の松原団地駅は高架化されていなかった。

・今の東武ストアがあるあたりにケーキ屋や靴屋なども含めた商店街があって、そこのケーキを買って帰ることもあった。

Oさん（女性、一九七四年、二〇代、獨協大学卒業後に職員として着任）

・学生時代はご飯を食べによく松原団地銀座に行った。「こんなところにも銀座があるのか！」とかいって、学生がよく行っていた。「みのち庵」や「越路」にもよく食べに行った。「みのち庵」は、大学に出前に来ているお蕎麦屋さん。家庭小料理屋の「越路」は、ご婦人二人が出来立ての食事を出してくれた。昔は学生の溜まり場で、サークルやクラブのペナント（旗）や手ぬぐいがびっしりと飾ってあった。先生たちも通っていた。東武ブッフェというのも松原団地駅前にあった。モダンな印象で、帰り際の学生たちの溜まり場だった。駅のリニューアルとともになくなった。

・大学の裏側（大学の南側）は、現在は住宅街だが、昔は田圃だった。着任後も数年は田圃のまま。今は塀もあり舗装されているが、以前は小川があり草が茂っていた。

・伝右川は、今は鉄の杭がしてあるが、一五年ほど前までは護岸はとくに整備されておらず、葦などの草があった。学生時代に洪水にあった記憶はないが、先輩から「長靴で登校した」という話を聞いたことがある。大学に事務職員として着任後、駅からすでに水浸しで船を使って大学へ行ったのを覚えている。松原団地駅では降りられず、草加駅から大学まで歩き、正門ではなく裏側から入ったこともある。

・埼玉県内で洪水が起こると、TVの報道では松原団地の映像が使われていた。

・護岸整備は二回行われ、現在の桜橋から駅をつなぐ直線道路の下に水のはけ口が通してある。

・団地のひとたちは、子どもを連れて雄飛祭に喜んで来てくれていた。

・打ち上げ花火は、一九七〇年代には始まっていた。季節外れの花火のため、団地や周辺の住人は楽しみにしてくれていた。グラウンドの人工芝化のため、二〇〇七年より中止。以前は松原団地祭りの花火の打ち上げ場所としても提供していたが、それも中止された。現在、祭りは住人の人数が減ったためあるかはわからない。昭和天皇が亡くなる直前、全国的にお祭りムードを控える傾向があった。そんなときに花火をするのはどうなのかと問題になったこともあった。社会的に見ても控えるべきではないかという意見もあったが、学生の気持ちとしては花火を実行したかった。そこで例年よりも時間を短縮して花火の打ち上げを行った。

Pさん（男性、一九六九年、三二歳）

・着任当時の獨協大学の周辺は、雨が降るとたいへんだった。今は本当によくなった。現在は、道路の下に水を貯めるものができて、どれほど役に立つかと思っていたが、水があふれなくなった。

・松原団地に対する印象は、昔はもっと木が小さくて、景色としてはよくなかった。今（二〇〇八年当時）は木が大きくなって、本当にいい雰囲気。手入れもよくなって、ひとがいなくなったぶんだけ、かえって雰囲気がよくなった。松原団地には（自分のゼミ生も含め）獨協の学生がかなり住んでいた。

Qさん（男性、一九七一年、二六歳、獨協大学（一期生）卒業後教員として着任）

・ときどき正門を出て団地内の「哲学の道」を通り、昔をちょっと懐かしむことがある。

・とくに印象的なのは、松原団地駅が高架ではなかったこと。それでも、電車にのっていて、獨協大学が全部見えた（草加駅を出発したらすぐに獨協大学が見えた）。

・伝右川が氾濫することが年に二回くらいあった。松原団地周辺は土地が低いため、松原団地駅で降りられないので草加駅で降り、ボートに乗って登校したこともある。

・学生の頃から「松原団地駅」という名前を「獨協大学前」に変えてほしいという署名運動があった。

・獨協の学生が松原団地の子どもたちの家庭教師をしていた。

・学園祭のときには提灯行列というのがあった。これは太鼓を叩いたりしながら、団地の近所をまわって帰ってくるもの。

Rさん（男性、一九七一年、三三歳）

・当時の獨協大学の周辺は、松原団地以外、田圃と農家だけであった。あとは伝右川があるのみ。学生は松原団地に住むひとには気を使っていた。迷惑をかけず地域のひととうまくやるために、獨協大学が主催していた大学祭や運動会などに住民を招いたりしていた。

・伝右川は今とくらべ、排水がとても悪かった。台風や洪水が起きると、道に水が一〇センチ以上あふれ一日休校の日もあった。

・当時は団地のまわりにある木々がまだ若々しく、新緑の季節は美しかった。獨協の先生も住んでいた。

Sさん（男性、一九七〇年、二六歳、獨協大学（一期生）卒業後いったん民間企業に就職、その後事務職員として着任）

・獨協大学は、交通の便の悪い場所だった。大学の北側は団地、南側はカエルやシラサギがいる田園。大学周辺は舗装されておらず、長靴で登校しなければならなかった。大学の前までは革靴で来られるけど、長靴にはきかえないと入れないような状態。大学周辺には、農家が畑をつぶして建てた（学生用の）アパートが増えていった。

・松原団地は学歴や収入が高く、教育に関心のあるひとたちがたくさん住んでいたという印象。彼らは学生たちとの触れ合いに関心をもっていた。彼らの子弟を獨協の学生が家庭教師をしたりしていた。

・学園祭の花火に周辺の住民から寄付が集まった。大学とは協力関係にあって、学祭のための寄付金を集めたり、提灯行列（一九五五〜五六年頃）では松原団地のひとがみんな応援してくれた。

・体育会系サークル（たとえば剣道部）は、松原団地のなかを声を出しながらランニングしていた。今だったら騒音公害ですよね。でも、それに団地の子どもたちが後をついてきて真似したりしていた。

・近隣の店のひとと学生とは顔見知りだった。周囲のお店、どこに行ってもみんな知っていて、話をするような関係だった。「学生文化の中心」のようだった。

・松原団地の母親たちが「子どもに剣道をやらせたい」ということで、私のところに頼みに来た。それを機に、週末ごとに実家の近くで稽古するのをやめ、「まつばらスポーツ少年団」を立ち上げた。その後、大学の部活の後輩などが寒稽古などのときに手伝いに来てくれるようになった。

個人的な地域の記憶、その記録

以上の証言は、時系列的に整理し配置した地域史ではなく、また公的に記録されたり、マスメディアで報道される地域の姿ではない。個人的な記憶である。これらの思い出話からわかる獨協大学と松原団地の関係、大学周辺の環境、水害、団地住民との交流について、いくつか整理してみよう。

「伝右川での釣り人」「河川の氾濫」「一面の田圃」「駅の高架橋」は、とくによく語られた風景であったが、とりわけ興味深かったのは、松原団地周辺の変化をめぐる強調点や評価の違いである。

松原団地周辺の風景を、「かつてはなにもなかった」と回想する人がいる一方で、「(現在では) なくなってしまったもの」を懐かしむ声も聞かれた。たとえば、大型スーパーや店舗、橋など「なかった」ことを肯定的に評価するひともいれば、逆のケースもあった。前者の場合、そういった大規模店舗などがないかわりに、樹木や田園風景などが「あった」ことを懐かしむ(Bさん)。逆に、「何もない」ために飲食に際して手間がかかったことや (Aさん)、「(田圃と農家と大学以外) なんにもないじゃないか」と思ったこと (Rさん)、松原団地駅周辺ではなく北千住まで飲みに行ったこと (Aさん、Iさん) などを語るひともいた。

伝右川（の氾濫）に対する評価もまたそれぞれの立場によって異なっているようだ。当時、水害に悩まされていた住民にとっては死活問題であったかもしれないが、河川の氾濫がなくなった現在、それは「懐かしく」語る出来事となった。

草加松原団地自治会の発行した冊子『草加松原団地四〇年の歩み』に掲載されている水害時の写真に笑顔は見られない。しかし、OMさんの妻は、洪水のなかを出勤する夫を笑って送り出し、そしてAさんやJさんが語った言葉からは、道路でぴちぴちと跳ねるドジョウを指さし、汚れた水のなかでジャバジャバと遊ぶ子どもたちの姿や、Eさんのように大学が休校になってニタリとする教職員の姿も想像できる。

実際、写真2－19にもあるように、Jさんの発言「道路が水浸しになると、子どもがそこで泳いでいた」ことも想像できよう。伝右川の氾濫で、当時の松原団地周辺のひとびとはたいへんな思いをしたことはまぎれもない「事実」として記録されているが、時を経た個人の記憶のなかでは、さまざまなエピソードとして記憶されているのが興味深い。

さらに、大学が開催する雄飛祭に団地やその周辺の住民が訪れていたり、団地の催し物のために大学施設（グラウンド）を貸すといった、地域住民との交流の機会があったこともよく語られた思い出である（Cさん、Jさん）。一九六〇〜七〇年代は、獨協大学の学生が団地の子どもの家庭教師をしたり（Qさん、Sさん）、団地内をトレーニングで走りまわったり（Sさん）、定食屋を溜まり場にしたり（Oさん）、日常的に松原団地住民をはじめとする地域住民と関わっていたことが、これらの発言から読み取ることができる。

大学と近隣住民との交流といっても、さまざまな形態がある。大学と団地住民との交流については、「なかった」あるいは「よくわからない、覚えていない」という回答もあったが、それはあまりに日常的かつ私的な経験のなかで展開される交流だったからかもしれない。だとするならば、松原団地が周囲の環境から社会的に隔絶された居住空間ではなく、ひとびとの日常活動においては、周辺の地域社会（大学）との交流がかなりあったことが推察される。

注

＊1　http://www.tobu.co.jp/file/pdf/bd94d513c99efcc66ac4ccc2d45137ee/160622.pdf?date=20160622124503

＊2　駅名変更に至る経緯の詳細については、『獨協大学学報』（二〇一八年三月）および、「地域交流における大学の役割――駅名変更をきっかけとして」（松澤知也ほか、二〇一七年度第四五回獨協大学学生懸賞論文最優秀賞）を参照。

＊3　『獨協大学学報』（三四、二〇一七年）

＊4　新駅名に使用されている「獨」の字であるが、一部報道機関や道路標識では「独協」と表記してい

ることがある。改称後の駅名に旧字体の「獨」が使用されていることについて、原武史は自身のTwitter（二〇一六年六月二二日）で、団地の名前が入った駅名がなくなるとともに、旧字体を駅名に使用することも「衝撃」だとコメントしている。記録がないため関係者の記憶をもとにした談話ではあるが、筆者が確認したところ、「獨」の字の利用に関しては、草加市でも東武鉄道でも、とくに議論の俎上に上がったことはなかったようだ。犬井学長によれば、二〇一八年四月現在は、「獨協大学」という固有名詞の使用においては、大学近辺の道路標識や新聞での表記なども「獨」の字を使ってもらえるように交渉中だという。

＊5 『本』二〇一六年九月号、二四―二五頁。

＊6 これらの写真の撮影者、小柳青さんは松原団地自治会の元会長であり、長年にわたって松原団地とその周辺の風景を写真に収めてきた方で、これまで撮影してきた膨大な資料を快く提供してくださった。時系列できれいに整理された資料で、松原団地の記録としてだけでなく、一九七〇〜八〇年代の庶民の生活の記録としてもたいへん資料価値の高いものである。

＊7 『松原団地自治会四〇年史』二〇〇二年、松原団地自治会。この資料に関しては本書第4章の注1を参照のこと。

＊8 開本嘉仁・佐藤竜也二〇一八「草加松原団地歴史資料集」。この資料に関しては第4章の注1を参照。

＊9 大人たちの困った姿の横で、子どもがその状況を密かに楽しんでいるといった記録は、三・一一の大震災時の団地の記録にもあった。団地自治会や見守りネットワークで地域活動に取り組む布施郡二氏によるエッセイには、大人たちが混乱しているのをよそに、子どもはまた別の感情を抱いたことが記録されている。布施氏は、震災後に書かれたエッセイに、つぎのような光景を綴っている。地震直後、

混乱している自宅に戻った布施氏は「近所に住む長男夫婦は共稼ぎ、帰りの時間が約束できなくなり、保育園に通う孫娘の出迎えを頼まれました。何時よりも早い帰宅と、ジジの車でババのお迎え、四歳の孫娘は大喜び、エレベーター停止の階段もまた楽しそうに我が家の七階まで駆け上がります。」[布施郡二 2011]

＊10 インタビューは二〇〇九年五月一六日に実施。

＊11 OMさんの母親は、インタビュー当時は松原団地在住で住替えを控えていた。

＊12 インタビュー当時は、まだA地区とB地区は建替え前で樹木も多く茂っていた。

＊13 インタビューは、岡村ゼミ（社会学）の二、三年生によって、二〇〇八年六月から七月、二〇〇九年一〇月から一一月の二期にわけて行われた。二〇〇九年度は、前年に同じ調査に参加していた三年生がリーダーとなり、二年生とペアを組んで実施した。

＊14 獨協大学の開学以来、毎年続いている学園祭。団地の自治会役員によれば、二〇一八年度の雄飛祭開催にあたって、例年通り、実行委員長と副委員長が松原団地自治会に挨拶に来ていたという。

＊15 （株）東武ストア店舗サポート部に問い合わせたところ、詳細な記録がないため正確にわからないが、当時は朝一〇時開店、夜六時閉店であったと思われる、とのことであった。

＊第2章写真撮影・資料提供

小林光雄さん：写真2－1、2、3

片柳延子さん：写真2－4、13、14～23
小柳　青さん：写真2－5～12
金子芳雄さん：写真2－24、25

第3章

団地のローカル・ネットワーク

ここまで、団地のイメージや団地にまつわる思い出を、映画や小説、写真や記事といった過去の記録や個人の証言などから見てきた。それはいわば、団地の「外から」の視点である。ここからは団地の内側に視点を移して暮らしの様子を見ていこう。本章では、団地に居住する高齢者がどのように情報ネットワークを築き、それがどのように機能しているのか、また災害時にどのような問題が生じ、住民たち自身がどう対処しようとしたのか、ローカルな情報とネットワークをキーワードに考察してみたい。

1　災害時におけるローカルな情報と情報格差

団地というローカルな領域は、普段の生活のなかでもしばしば意識されるが、ことに災害時においては、日常の生活圏や行動範囲といった自分にとっての「ローカルな領域」の情報への需要が高まる。避難所や支援物資の受け取り、断水、停電といった生活インフラに関わる情報は、まさにローカルなものでなければ意味をなさない。

ローカルニュース研究を専門とするイギリスの社会学者メリル・オルドリッジは、ひとびとが自分の居住するローカルなエリアに関するニュースを欲していることを説明するなかで、自分のテリトリー（生活圏）が行政区画と一致していると答えたのは一五パーセントにすぎなかったとするFuture Foundationの調査結果を紹介している［Aldridge 2007:10］。

行政区画と自分にとってのローカル・エリアの不一致は、災害弱者の分布が行政的な単位で一括して把握できるものではないということにも表れている。つまり、市区町村単位ではなかなかつかめない実態やローカルな問題がある。たとえば、災害時に松原団地内で生じた問題は、草加市もしくは埼玉県という大きな枠組みでは捉えられない。生活圏や経済活動領域が諸個人で異なっているというだけでなく、そもそも自然災害は行政区画に関係なく襲いかかる[*1]からである。

福島の原子力発電所の事故をみても明らかなように、人間によって作られた機械が制御不能となって引き起こされた災害の影響は、風向きや地形といった自然条件にも左右された。まさにローカルな（局所的な）被害をひきおこしたのである。当然のことながら、予想される健康被害も自治体単位の調査では把握しきれないものとなるだろう。[*2]そういった意味でも、行政的な境界で定義づけられる領域だけではなく、ひとびとの生活実態や行動範囲に即した「ローカルな領域」にも目を配る必要があるのだ。

さらにもうひとつ、災害時の情報行動を考察する際に確認しておきたいのは、必要なローカル情報が必要とするひとに届きづらいという情報格差の問題である。情報格差とは、情報インフラの整備状況や居住地・居住形態、年齢、性別、使用言語、そして経済力や社会的地位によって入手できる情報の量や質に偏りが生じ、その結果引き起こされる社会的・経済的な不平等のことである。たとえ情報インフラが目に見えるかたちで平等に整えられたとしても、利用者側の社会的・身体的な条件がそろっていなければ格差は是正されない。この不平等は、とくに非常時には情報弱者へ致命的な痛手をもたらすことさえある。

東日本大震災の被災地の社会構造（貧困、格差、高齢化）と、被害格差、経済格差、情報格差の問題は重なっている。そう指摘する田中幹人と標葉隆馬は、「社会的に脆弱な状況に置かれてきた、そして今なお置かれている被災者の中には、情報においても、脆弱な環境にあった人たちが数多く含まれていた（そして現在も含まれている）」ことを明らかにし［田中・標葉 2012:76］、「災害をめぐる情報流通、ジャーナリズム、コミュニケーション、いずれに視点においても、そのような「災害弱者≒情報弱者」への視点は不可欠」だと主張する。

本章における団地の社会的ネットワークの考察では、この「災害弱者≒情報弱者」という図式と、ローカルな領域への関心が基盤となっている。

2 ローカルな領域としての団地

松原団地の社会的境界線

建設当初から松原団地に居住していた住民のなかには、団地住民は「草加市民」あるいは「埼玉県民」という意識が薄く、そして団地住民と周辺住民の対立構造があったことを語る人が多い。

一九六〇年代に松原団地に居住していた金子芳雄さんは、松原団地に住んでいるいわゆる「団地族の子」と、団地建設以前からこのエリアに居住していた家庭の子とでは、遊び仲間が違っていたと語る。自身は「下町生まれ」であったためか、団地外の子ともよく遊んでいた思い出があり、五〇歳を過ぎた現在でもその頃の友人たちと会っては食事を共にしている。彼の記憶によれば、女子生徒は男子生徒にくらべて、互いに牽制しあう傾向があったようだ。

金子さんと結婚後、一九八〇年代の松原団地で娘二人を育てた妻のけえ子さんは、団地のまわりに一軒家が多くなり、そこに転居していった団地住民や新たに転入してきた住民も増えてきた頃から、草加に根を張る地元住民と団地族の対立はなくなったように感じたという。[*3]

団地と地元との対立意識は、子どものあいだだけではなくＰＴＡ活動でも顕在化することがあった。[*4] 一九七〇年代に団地内の小中学校のPTA活動に参加し、いまもコンフォール松原に居住している七〇代の女性は、松原団地の子どもたちが通う小中学校で、団地外の草加市民と松原団地住民とのあいだで競争的な緊張関係が生じていたことを鮮明に記憶している。とくにPTAの役員選挙のときなどは、どちらの派閥から代表を出すかをめぐって地元住民と団地族の対立が激しくなったという。[*5] さらに、団地建設とそれにともなう人口増加によって引き起こされる諸問題（たとえば水不足や通勤ラッシュなど）も、対立の火種となっていた。

これと同様の対立は、ほかの団地でもあった。一九七一年一月二二日にNHKで放送された「現代の映像」（特集「団地と市長」）には、東京都町田市での団地建設直後、それ以前から地元に居住してきたひとびとが、団地の住人に対して「不公平感」をもち、苛立ちをあらわにする光景が映し出されている。そして団地は地域の「お荷物」とまで言われている。

このドキュメンタリーでは、就任直後の町田市長が「団地都市問題を解決しようと」奮闘している姿を取材している。冒頭のナレーションでは、当時の町田市の人口の半数を占めた団地族が住む団地の存在が、都市問題の根源のように語られる。通勤時の「殺人的混雑」に関しては、「輸送ルートが一本しかないところへ団地が入り込んできたのである」と手厳しい。

団地建設以前からあった地元の小学校のPTAとのやりとりのなかで、彼女たちを前に市長は「団地建設の歪みが出ている」ことを認め、長年、税金を払いつづけてきた旧住民の子どもたちが、団地の子どもの増加のために新設された鉄筋校舎に入れないという不平等は解消したいと力説する。PTA代表のひとりは、あちこち痛んだ校舎の前で市長にその思いをぶつける。「まぁ、古くからね、住んでいる私たちなんかはね、（団地ができて）ほんとにいつも損している状態でね、（略）ひがみっぽくもなっている状態なんですね」。こういった陳情の光景は、当時、多くの団地で繰り返されてきたのだろう。

住宅公団の元職員らによる団地建設に関する「証言」を集め編集した『公団のまちづくり・住まいづくり技術の五〇年』（二〇一〇年）に収録された座談会のなかでも、団地建設にあたって生じる「地方公共団体との軋轢」が触れられている。一九五〇年代後半、団地建設は地方自治体から大歓迎されていたものの、一九六〇年代に入ると「団地お断り」に風向きが変わり、各地で宅地開発指導要綱が制定されるようになったという。

こうした軋轢の背景としては、経済的な格差や急激な人口増に対応できないインフラの不備などが考えられるが、団地住民の就労形態の傾向もそのひとつとして数えられる。団地住民の多くが、自分の居住する自治体や近隣エリアではなく、大都市部へ「通勤」する傾向があった。それゆえ、なかなか居住する（住民登録をしている）自治体への帰属意識が強化されなかったのではないだろうか。

松原団地住民に限定した資料ではないが、草加市民の三六・四パーセントが市内や埼玉県内ではなく東京都で就労していることが、二〇一〇年の国勢調査を草加市がまとめた資料に示されている[*6]（草加市内従業は三三・三パーセント）。松原団地の住民は、住民登録のうえでは草加市民であり、埼玉県民である。しかし、一九六〇年代から八〇年代にかけての松原団地住民は、草加市民（あるいは埼玉県民）という意識が希薄であり、通勤先がある場合はその土地に、そうでない場合は団地という領域にローカル・アイデンティティを示す傾向があったことがしばしば住民の口から語られる。松原団地住民としてのローカル・アイデンティティに関していえば、それが行政単位である「県」や「市」ではないということが特徴的である。

ローカル・アイデンティティとは、生まれ育った土地や、愛着や馴染みのある特定の領域に対する帰属意識（地元意識）の現れである。ナショナル・アイデンティティのように、国境や国籍といった明確な境界線によって定義づけられる国民国家（領土）を帰属対象として形成されたものとは異なり、より緩やかで情緒的なレベルで認識される（物理的な境界線は曖昧でもある）郷土や地元といったローカルな領域を帰属対象としたアイデンティティである。

団地で育つ子どもたちのローカル・アイデンティティについての興味深い調査がある。一九五九年三月一七日の『東京新聞』朝刊には、「住宅団地生活が児童に及ぼす影響」を調査した、ある大学生グループの研究成果が取り上げられている。記事はつぎのような内容である。中野区と墨田区の団地の子ども一四〇人に調査したところ、団地育ちの子どもは「早熟で排他性が強い」傾向にあり、（団地内で）グループをつくっているが「団地から外へはほとんど出ない」で遊ぶ傾向があることがわかったという。その研究は「このグループは学校でも団結が強く、子ども自身が「団地の子ども」という意識を強くもっていて排他的」であり、将来的には一軒家への転居を希望する親たちとは裏腹に、「子どもたちの多くは屋上、階段、砂場と変化に富んだ環境に「ずうっと住みたい」と答えている」と報告する（傍点は筆者）。団地の子どもたちが排他的であるかどうかはさておき、彼らは団地を「私たちの場所」と捉え、団地の周囲に広がる一戸建てには引っ越したくないという思いをもっているのである。まさに彼らのローカル・アイデンティは「団地」なのである。

旧住宅公団関東支所に勤務していた近藤久義は、「団地と境界問題」と題したエッセイのなかで、団地建設に際してそこには「見えない境界」が生じていたことを指摘し［近藤 2010:62］、「自治体には財政上の問題、周辺の住民からは、所謂よそ者が入ってくることに対する拒否反応がしばしば見られた」ことを回顧している。[*7] この社会的境界線こそが、まさに「ローカルな領域」の境界である。同じ行政区内でも、団地とその他のエリア（団地が建設される以前からあった地域社会）とのあいだには、容易に乗り越えることのできない社会的な境界線があったことがわかる。

「団地」という領域（生活圏）は、自然発生的な境界による地縁社会ではない。[*8] そして、団地

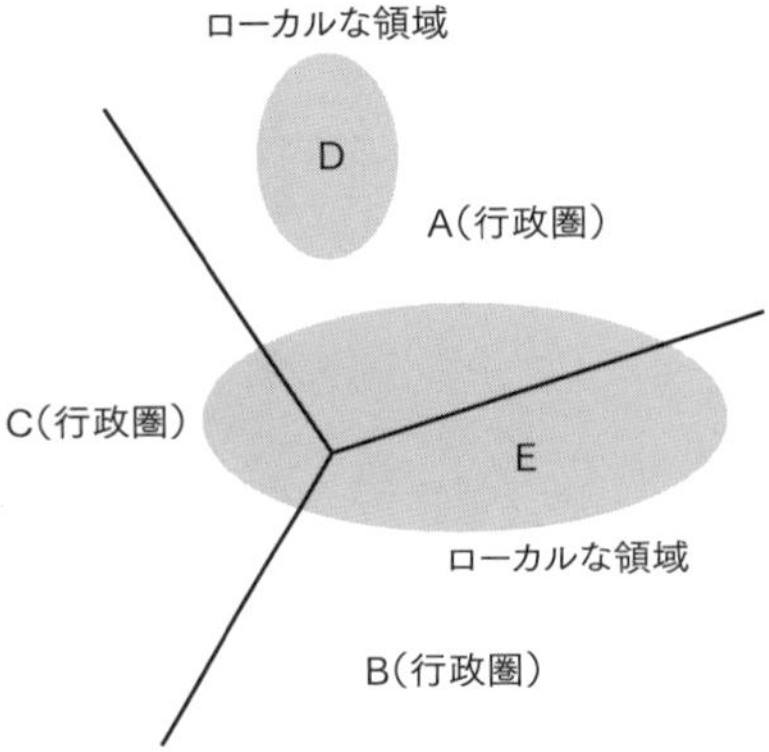

図 3-1　行政圏とローカルな領域

に居住するひとびとが「私たちの場所」と認識する領域は、行政的な境界による地縁社会とも異なる。団地は、それ独自のローカルな領域なのである。

たとえば図3－1のように、行政圏をA、B、Cとすると、ローカルな領域Dは行政圏Aのなかにあり、ローカルな領域Eは行政圏A、B、Cの境界線上に位置する。[*9] 松原団地の場合は草加市（行政区画A）のなかにあるローカルDのタイプである。[*10] DやEタイプの領域はまさに生活実態に即したローカルな領域であり、そこに関心を向けてこそ、これまで見すごされてきた問題がより鮮明に浮かび上がるのである。

「団地」的なつながり

ひとびとの生活圏として機能する団地という特定の領域は、ローカル・アイデンティティの受け皿になった背景には、構造上の理由もあった。

都市の労働者の住宅不足を補うべく、郊外に造成されはじめた一九五〇年代後半から六〇年代前半にかけての団地は、そこに住むことが「一つのステイタス・シンボルであり、それが憧れの的であった」[江上 1990:79]。とはいえ、団地暮らしは、集合住宅特有のルールがあり、最寄り駅からは遠く、通勤時には猛烈な混雑があるような生活でもあった。それゆえ、周辺の地域社会とは隔絶されたムラとしての団地の姿は、団地の住環境を「理想に近づけるため」に設計者によって意図的につくり出されたという指摘にも納得がいく。

社会学者の文屋俊子は、板橋区の団地サンシティを例にあげ、「良質な住宅街ではない地域に理想的な住環境をつくりあげ、そのイメージを維持する」ために、「周辺環境との圧倒的な「差別化」をおしすすめる以外には手はなかった」と指摘している[文屋 1990:40]。つまり、団地はその構造上、「外部からの閉鎖性に対し、一度なかにはいると、神話的な空間」がつくり出され、「中央広場を中心に、植栽の間を各住棟へぬける高低のある小道のそこここに小公園や池が配されている」[Ibid.:41]といった具合である。文屋は「新しい団地では、団地の中心施設の位置や設計に地域との融合という視点をいれる工夫がなされてきた」ものの、分譲住宅の増加にともなって、団地での共有施設も個人の財産の一部と見なされ「団地内の共有部分は外部から隔離した環境にしたほうがよいと考えられるようになった」[Ibid.:42]と指摘する。このように、ある種の閉鎖的な空間として設計された団地には、各戸ごとの閉鎖性とは別に、ムラ的な閉鎖性もつくり出されていた。

一九六〇年代の団地は、一戸建てを手に入れるまでの一時的な「仮宿」、あるいは「狭い箱」のようなネガティヴなイメージで語られることも少なくなかった。当時の新聞には「団地ノイローゼ? 母子ガス心中」[*11]、「二児道連れ心中 団地ノイローゼ?の母」[*12]など、団地で子育てする女性の精神的疲弊を表現する言葉が目を引く。

しかし近年の団地は、高齢者や低所得者が住む場所になり[*13]、場所によっては「施設化」するところさえ出てきたが［森 2007］、それと同時に団地は「愛でる対象」にもなった。団地生まれ・団地育ち、あるいは物心ついたときから「団地っ子」と共に育ち、団地を眺めながら育った世代にとって、団地は過ぎ去った遺物ではなく、現在の風景であり、愛でる対象であり、愛おしい「ホームタウン」「故郷」なのである[*14]。長く団地に居住しつづけてきたひとびとにとって、団地はたんなる「ハコ」ではなく、もはや「ムラ」的な存在なのだ。

一九六二年に入居が開始されて以来居住しつづけてきた松原団地の住民にとっても団地は「終の棲家」であり、その団地で生まれ育った世代にとっては「故郷」でもある[*15]。このことは、後述するインタビュー結果のみならず、二〇一一年九月に松原団地自治会が全世帯に配布した「第九回 団地の生活と住まいアンケート」の集計結果（回収数：一二八五戸）にも表れている。それによれば、九〇パーセントの回答者が今後も「長く住みつづけたい」と回答し、持ち家を購入したいという回答は二パーセントとなっている。七〇歳以上の世帯主が半数を超え、六〇歳代が約三割を占める現状を考えると、松原団地が「終の棲家」となるのは不自然なことではない。より専門的な統計手法を用いた全戸調査をすると、多少違った結果が出てくるかもしれないが、後述のインタビューから推察するに、この数値は妥当なものと思われる。[*16] UR都市機構埼玉地域支社（東埼玉住宅管理センター）による独自調査でも、第Ⅰ期～第Ⅳ期の建替事業のいずれの時期においても、六七パーセントの住民（世帯）が建替え後賃貸住宅への「戻り入居」を選択していることが明らかになっている。[*17]

かつて日本住宅公団大阪支所に勤務していた一級建築士の増永理彦は、大阪の香里団地（大阪府枚方市）でのヒアリングをはじめとする、いくつかのUR賃貸住宅の建替えに関する事例研究のなかで、とくに古いUR賃貸住宅団地に居住するひとびとに「住み続けたい」という思いがきわめて強いことを指摘する［増永 2008:198］。そして、団地再生の方向性としてまず尊重されるべきは「居住者の誰もが今まで通り住み続けられること」だと結論づけている[*18]［Ibid.:191］。

「終の棲家」として住みつづけたい理由は、慣れ親しんだ土地からなるべく動きたくないという消極的な理由もあるかもしれないが、生活を支える社会的紐帯がすでに構築されていることもあるだろう。つまり、それぞれの住戸が独立した閉鎖的な「ハコ」ではなく、団地という領域を基盤に形成される「ムラ」的なネットワークが機能しているからだ。ただし、それは地縁血縁によって成立する前近代社会に典型的な伝統的村落共同体としての「ムラ」ではなく、きわめて現代的な関係性を基盤にした「ムラ」なのだ。いわば、ソトとのつながりを保ちつつ、ほどよい距離を保った都市的なつながりで形成される現代的なコミュニティである。各住戸が外界から隔絶されたり閉鎖された状況でもなく、かといってプライベートな領域がなきに等しいきわめて親密な関係を近隣住民と築いているわけでもない。そういった関係が実践されているのが現代の団地の一つの姿である。

松原団地においても、そのことを象徴するエピソードがある。夫を亡くした後も団地内の活動を積極的にこなしていた高齢の女性は、ある日、自宅で一人、亡くなっているのが見つかった。彼女は生前、ほとんどプライベートなことについては語らなかったために、周囲は親族への連絡に手間取った。しかし、彼女が数カ月前に団地の商店街のある店から息子宛てに何かを送ったらしい、というわずかな情報（記憶）を手がかりに、遠方に住む息子に連絡がとれた。

どこに親族がいるのかくわしくは知らないが、かといってそれを知る手がかりがまったくないわけではない。数日姿が見えなければすぐにだれかが気づいてくれる。このようなある程度の距離感を保った「親しさ」は、人間関係の希薄化の表れというよりもむしろ、団地的な親密性を有した関係性として捉えることができよう。あれこれと詮索するような人間関係は、団地住民にとってけっして心地よいものではない。個々のプライバシーを尊重しながら住民同士の関係を構築していくのは、現代の団地社会の人間関係を円滑に保つためのひとつの「きまり」

なのである。[19]

3　東日本大震災後の情報伝達と相互扶助

二〇一一年三月一一日、埼玉県草加市は震度五強の揺れに見舞われた。[20] 一九八〇年代の松原団地を知る住民のなかには「(当時の) 洪水のときほどはたいへんではなかった」と証言するひともおり、松原団地では建物の倒壊や停電・断水といった深刻な被害も確認されなかった。甚大な被害の被災地とくらべれば、松原団地の被害は一時的でほんの小さな混乱にすぎなかった。しかし、それでもエレベーターやガスが止まり、電車も止まり、持病を抱えている住民や自力歩行が困難な住民、高齢の住民は、震災当日から数日間、強い不安を感じていた。

筆者は、松原団地の住民に震災時の情報行動についてインタビューを行った。調査への協力者は一〇名であったが、ここではそのなかから七〇歳代以上[21]の五名の証言を取り上げたい。インタビュー協力者は、自治会役員や地域ボランティア団体をとおして紹介された方々である。調査時期は二〇一二年五月と八月で、主に自治会事務所、見守りネットワークの事務所において、それぞれ三〇～六〇分程度、震災直後のことや普段の団地での生活について自由に語ってもらった。再度確認すべき事項が出てきた場合は、必要に応じて、複数回の協力を求めたケースもある。調査協力者のおもなプロフィールは以下のとおりである（役職や年齢は調査をした二〇一二年時点）。

Tさん：七〇歳代、女性、一九六三年B地区のテラスハウスに入居、建替えを機にコンフォール松原の五階に移り、息子夫婦、孫と同居。自治会役員。

Uさん：七〇歳代、女性、一九六三年B地区のテラスハウスに入居、現在はコンフォール松原の八階に一人暮らし。

Vさん：七〇歳代、男性、一九六四年D地区に入居、その後、子どもの成長に合わせてC地区に転居し、数年前コンフォール松原の七階に入居。妻と二人暮らし。

Wさん：八〇歳代、男性、二〇〇二年に入居、D地区の住棟の一階に一人暮らし。

Xさん：七〇歳代、女性、一九六四年入居、D地区の住棟の四階に一人暮らし。ボランティア団体代表。

備えを活かしきれなかったこと

《証言1》「拡声器三つあるけど、使えなかった。使うひとがいなくて」（Tさん）

《証言2》「施設（集会所）をすぐに開けられなかったの」（Uさん）

自治会の活動に積極的に参加しているTさんは、防災のための館内放送設備があり、またURから貸与された放送設備（拡声器）も自治会事務所に備えてあったが、それを十分活かしきれていなかったと残念がった。「使い方がわからない」というより、それを使う「ひと」がいなかったのである。さらに、その拡声器は、キャスター付きのカバンに収納されてはいるものの、軽々と持ち歩けないぐらい大きくて重い（写真3－1）。作動させる場合は電源も必要だ。この機材を使うにあたってはインストラクションも受けており、団地のイベントのときにもたびたび使用していたにもかかわらず、非常時に役立てることができなかったのである。[*22]

写真 3-1　URから松原団地自治会に貸与された拡声器

備えを活かしきれなかった、という点では、団地の集会所の使用についても同様であった。集会所の鍵は自治会が管理しているが、混乱や人手不足、毛布などの物資もなかったため、震災当日は集会所を開放できなかった。それで、揺れに恐怖を感じて集まってきた住民は、オフィス用のデスクが並ぶ一〇畳ほどの自治会事務所にしばらく一緒にいた。[23] 夜になってそれぞれの部屋に戻ったが、「一人でいると怖いので」隣の住民の部屋に泊めてもらった人もいたと、Tさんは証言している。

自治会へのさまざまな問い合わせは、震災後三日間ほど続いていた。とくに多かったのは、地震で止まったガスの復旧方法がわからない、という問い合わせであった。しかし、拡声器が使えなかったため、自治会の役員が各戸を訪問するという方法で対処するしかなかった。ガスだけでなく、食器棚が倒れたから直してほしいといった要望にも自治会役員がそのつど対処していたため、自治会は「災害対策本部」としての役割を十分に果たせていなかった。それに加え、URの管理センターも人手が足りなかったためか「状況の確認に来ただけ」で、団地自治会の活動を長年積み重ねてきたTさんは歯がゆい思いをした。

数年前まで団地の防災委員会のメンバーで、その活動を詳細にノートに記録しているUさんも、防災委員会がうまく機能していなかったことを指摘し、委員ではない高齢の男性が駆けつけてくれたのに、災害時に活躍するはずの「防災の人たち（団地の防災委員）」は震災当日、自治会事務所に集合することはなかったと語った。Uさんによれば、「防災委員会は、URから防災倉庫とかいろんな機材をいただいていて、炊き出し用のかまどで火をおこす練習や本所（墨田区）の防災訓練所での練習、（草加の）西口公園でもてんぷらの火を消す訓練はしている」

し、また「公園などのベンチのところが非常用コンロになるようになっている」のにもかかわらず、それらがまったく震災のときには活かされていなかったという。

Uさんと筆者とのやり取りを傍らで聞いていたTさんも大きくうなずき、「そんなこと（防災訓練）ばっかりやってないで、だれが大将でどういうふうにそれを機能させるのかということをやってほしい。（略）震災後の防災訓練も、もっと身近な事を知りたいのに、偉い人の説明ばかりが続いていて。役割確認とか、実際に、まずどうしたらいいのか、だれが避難所まで誘導するのか、それをどう知らせるのかとかのアドバイスが欠けている」と語っていた。

たとえ団地の自治会が集会所を「避難所」として早い時期に開放できたとしても、その情報が伝わらなければ、またそこを運営する人手がなければ利用できない。たとえ災害時に利用できる便利なモノや機能を備えてあっても、そしてそれを使う練習をしていても、必要とされるときにうまく使えなければ役に立たない。

東日本大震災では、松原団地近くの小学校（栄小学校の体育館）が避難所になったが、その情報も住民の耳にほとんど入ってこなかったようだ。Tさんは、避難所があることも、またそこで夕食や朝食が出されていたことも「知らなかった」という。一部の団地住民のなかには、実際に近隣の小学校に行き避難所が開設されているのを確かめて、一時的にそこに避難したケースもあったが、「エレベーターに人が閉じ込められていないかとか、心臓の手術をしたばかりという高齢者の世話などで、夜八時頃までばたばた」していたTさんは、「草加市役所に電話をしても通じなかった」し、直接あちこちに足を運んで避難所が開設されていることを確かめる余裕もなかった。

「備え」をしていたことは確かな事実である。それにもかかわらず、結果的にその備えはうまく機能しなかった。その存在や使い方が周知され、それを使えるような条件が整ってこそ機能しうる。今回のケースからは、非常事態に機材や用具が整っているかどうかではなく、それを適切なときに、適切なやり方で使うための人的資源とそれをつなぐ活きたネットワークが機能していることが重要だということがわかる。

では、団地住民はなにもできずに手をこまねいていただけだったのか、ただ現状をやり過ごすだけだったのかといえば、そうではない。住民の証言からみえてくるのは、実際に役立った情報伝達やトラブル解決の手段においては、対面的（face-to-face）なやりとりが中心となっていたことだ。さらに、それがある程度の距離感を保った関係性のうえに成り立っていることも見すごせない点である。つぎの証言のなかでは、団地における「ある程度の距離感」をもった関係性のうえに展開される相互扶助の様子が垣間見られる。

松原団地のボランティア活動「見守りネットワーク」の代表（当時）でもあった布施郡二さんは、震災直後、止まったままのエレベーターの地上階ホールで、パニックになって自分がどの階に住んでいるのか忘れてしまった八〇歳代の女性を見かけた。布施さんはそのときの様子について、地元の文芸誌への寄稿のなかでつぎのように述べている。[*24]

地震発生直後に外出先から帰宅したとき、自宅のあるコンフォール松原の住棟では混乱が続いていた。エレベーターもガスも止まり、各階ごとに集団ができ、右往左往していた。そのなかで、保育園にいる孫娘を迎えに行くときからずっと老婦人が一人、一階と二階のエレベーター前で「寒そうにウロウロして」いたので、「エレベーターは止まっていますよ。どうしました？」と布施さんが声をかけた。

「家がわからなくなりました。何階だったかしら？」地震であわてて外に飛び出し、パニック状態になっています。名前はわかりましたが、部屋の番号が思い出せないのです。さあ大変。でも、時々見かけているお顔。そうだ。ポストだ。二人で一階の集合ポストを覗きました。ここです！　思い出しました。十三階。再び階段を昇ります。鍵は掛かっていませんで、大喜びで家に入りました。お隣さんにも声をかけ帰ります。（略）震災はそれからも大変。電車が止まり帰宅出来ない人たちが駅前交番へ、そして栄小学校の避難所へ、約六〇名の人が避難して一泊されました。」［布施 2011:96］

女性の顔はときどき見かけるものの、名前や居住する部屋番号は知らない。そうした関係にありながら、助けを必要とする状況であれば手を貸す。こうした相互扶助のあり方は、布施さん個人のパーソナリティから生まれるものであり、だれもができることではないかもしれないが、災害時の団地住民の相互扶助の様子がよくわかる一件である。

団地外のひとの協力

《証言3》「(エレベーターが)止まっちゃったから階段の上り下りがたいへんで。ヘルパーさんが(高齢者を)おんぶして上までいったのよ」(Xさん)

《証言4》「(D地区では)民生委員や議員さんよりもヘルパーさんたちが、お年寄りの安否の確認に協力的だったわね。(それぞれの個人的状況を)よく知っているしね」(Uさん)

Xさんによれば、震災直後、エレベーターが止まってしまい、一二～一四階建ての上階に住むひとびと――そのなかでもとくに高齢者や病気を抱えているひと――は、「たいへんな思い」をしていた。三月一一日の夕方から夜にかけて、歩行困難な高齢者がデイサービスから続々と帰宅したとき、送迎のスタッフが足の悪い利用者を背負って階上の自宅へ送ったのだという。[*25]

松原団地では住民の半数近くが高齢者であり、団地内の活動に積極的に参加する住民の多くも六五歳以上である。それゆえ老老介護のように、〝相対的に〟若く健康な高齢者があらゆることを背負うようになる。そういった状況を考えると、住民同士の相互扶助だけでは限界がある。互いに助け合おうとしても、特別な訓練でもしていないかぎり、七〇歳代の住民が人間一人を抱えて階段を上がるのは不可能である。

そこで頼りにされるのが「(団地の)外部」との連携である。《証言4》にもあるように、住民以外のひとびとの協力が重要になってくる。その典型的な、そしてきわめて現代的な担い手として挙げられるのが訪問介護員、いわゆる「ヘルパーさん」である。[*26]

Uさんも震災後のヘルパーのサポートを高く評価している。Uさんによれば、ヘルパーたちは、震災直後の送迎時の階段の上り下りだけでなく、震災後しばらくはそれぞれが担当している利用者の安否確認に力を注いだという。草加市訪問介護事業所連絡会の記録にも、各事業所では、震災当日とその後数日間、緊急連絡通報システムの利用者を優先して安否確認や健康状態の把握に取り組んでいたことが残されている。[*27] それによれば、ヘルパーたちは自動制御されたガス給湯器の使い方を、利用者だけでなくその家族にも教え、利用者の安全を守ることに加えてその家族を落ち着かせるように努めていた。彼らが、サービスの利用者本人だけでなく、その周囲のひとびとも含めた生活全般のサポートをしていたという事実は見すごすことのできない点である。

もっとも、ヘルパーにだけ高齢者の生活をまかせればよいというわけではないが、実際、彼らが適切に状況を判断し、臨機応変に対応し、それが比較的うまく機能していたことは特筆すべき点である。彼らは、それぞれ担当する利用者の私生活に深く入り込み、身体的な状況、病状、性格などを熟知しているため、それが可能だったのだろう。

団地における「ご近所」関係は、ほどよい距離感を保つからこそ、円滑に保たれる。だとするならば、ヘルパーと同じようなやり方・スタンスで、団地住民が「ご近所さん」の私生活に立ち入るのは、場合によっては「不躾な態度」と見なされ、関係が悪化してしまうだろう。だからこそ、職務を遂行するうえでプライバシーに立ち入らざるをえないヘルパーの存在は、とくに災害時において、きわめて重要になる。

ところで、震災直後の松原団地においては、もともと期待が高かったためか《証言4》にあるように「民生委員さん」と「議員さん」の活躍はそれほど際立ったものとして住民に記憶されてはいなかった。

一〇年前に妻を亡くし一人暮らしの八〇代の男性（Wさん）に、震災直後の民生委員との関係について尋ねたところ、「向こうはあたしのこと知っているんだけど、あたしはだれだかわからない。正月に挨拶に来るけど、それで終わりだな。年賀状ぐらいだすけど」と答えた。Wさんとしては、民生委員のことよりも、普段通っているコミュニティ・カフェでのやりとりを積極的に語りたがっているようだった（この点については後述）。

とはいえ、民生委員の社会的役割が薄れたと結論づけるのは早計である。むしろ近年では、民生委員の活動の幅や対応する件数も増えているのが現状だ［長井 2010:64-65］。社会福祉学を専門とする結城康博が、ある県の民生委員三三三人を対象にして調査したところ、約二割が孤独死の現場に遭遇していたという［結城 2012b:38-40］。民生委員が「もっとも身近な支援者」として社会のなかに位置づけられていることの表れであろう。

それにもかかわらず、民生委員の担い手は不足している。三重県松阪市社会福祉協議会の長井一浩は、東北の被災地における民生委員の事例を挙げて、地域によっては今なお民生委員が十分高齢者の見守り活動の担い手であることは認めつつも、「見守りの役割をする民生委員が十分にいるかどうかだけを問題視すべきではない」と指摘する。地域に求められているのは、社会的弱者が安心して安全に暮らすための見守りをする人や機関の「ネットワークの強化」だと述べている［Ibid.81-82］。

この指摘は、松原団地における災害時の相互扶助の様子を理解するうえで、きわめて重要である。草加市の社会福祉協議会によれば、現在、コンフォール松原のある松原地区を担当する民生委員は九名（うち七名がコンフォール松原に居住）[*28]が活動しているが、インタビューから垣間見えるのは、民生委員だけでなくヘルパー（社会福祉協議会）や自治会、ボランティア団体など、あらゆる組織が連携しながら団地の高齢住民の生活を支えている実態である（これについては第4章で詳述）。それは理想的な相互扶助を目指した結果というよりも、連携せざるをえなかったというのが実際のところであろうが、いずれにせよ長井が指摘するように、いずれかの組織に負担が集中するような仕組みでは、地域社会で起こりうるさまざまなケースに対処しきれなくなるだろう。

さて、《証言1》にあるように団地内の放送設備がまったく機能しなかったため、伝えるべきことを団地住民にうまく伝えられなかったことを悔やむTさんは、つぎのようなユニークなアイディアを語っていた。

「今回わかったのはね、○○党の人たちが、マイクでいろいろ宣伝してるじゃない。それをやりつけているひとたちが、マイクもって（選挙カーで情報伝達を）やってくれたらいいじゃない。その選挙カーもっているのが議員の○○さんだったの。でもそれが三日間来なかったの。一番先に来なきゃいけない人でしょう？　連絡もとれなかったし。来てほしいわけ」

Tさんの「提案」の背景には、地元の政治家への不信感というよりも、「議員さん」への大きな期待があるとも読み取れる。政治家の高い職業倫理への期待が、逆に「不満」となって表れていると考えれば、外部からの協力者としての地元の政治家もまたけっしてとるに足らない存在ではないはずだ。

近隣住民への気遣いと口コミの情報交換[*29]

《証言5》「ガスの開け方、みんなに教えてあげたの」(Uさん)

一〇年前に夫を亡くし、現在一人暮らしのUさんは、震災のときは友人と自宅にいたが、「少し落ち着いてから」ガス栓を開く作業をした。ガスが止まったときの処置は、以前ガス器具の付替えで東京ガスのスタッフに聞いていたので、今回もそのとおりにしたのだという。それをほかの団地の友人(サークル仲間)にも教え、口コミや携帯電話でどんどん広がっていった。

止まったガス栓の開け方については、直接、管理事務所に電話をして聞くことができたWさんのようなケースもあったが、震災当日から翌日にかけて、住民による口コミや自治会役員が直接訪問するといった形式で「復旧」させていったケースも少なくなかったという。
「ガスの開け方」についてVさんは、当時の様子をつぎのように語った。

「ガスが出ないって（震災の翌日）自治会の電話がじゃんじゃん鳴ってね。（元栓のスイッチを）ゆっくり押して少し待たないとだめなんだけど、電話で言っても（対話相手の）年寄りはわからないから、いいよいいよ、俺が行ってくるから、って三軒ぐらいまわった」

情報伝達に関しては、まさに「口コミ」が主だった手段であったことがわかる。その理由としては、《証言1》にもあるように拡声器がうまく使用できなかったこともあるが、高齢のため耳が遠かったり、あわてていたりして、電話で説明されてもなかなか理解できないひとが少なからずいたということもある。このことは、高齢者の立場に立って情報伝達・取得について考える際に見すごしてしまいがちな点である。

こうした情報伝達手段は、瞬時に大量の情報がやりとりできるほかの方法にくらべれば効率が悪く、伝達の媒体（メディア）となった人の体力的・精神的な負担も大きいが、それでも災害時の松原団地において、実際に住民どおしの情報交換手段としてうまく機能していたのである。

《証言6》「（持病のある人が住んでいる）お隣の様子が気になって」（Uさん）

震災の翌日、Uさんは、持病のある友人（同じ居住棟一一階に住む五〇代後半の女性）を訪ねた。Uさん自身が同じ病気を患っていることもあって、二〇歳近く年下のこの女性をUさんはつねに気にかけている。この女性は、数年前に両親を相次いで亡くし一人暮らしをしているが、病状がUさんよりもかなり悪いため、ときどき一緒に夕食を共にしていた。

地震が起きたときに自宅にいたUさんとは対照的に、彼女は都内にある病院からの帰りであった。帰宅困難者になりながらも、翌日やっとの思いで帰宅し、Uさんの顔を見て泣き出したという。その夜は、よほど心細かったのか、Uさん宅で夜を明かした。高齢者や持病を抱えたひとだけでなく、子連れの女性や一人暮らしの女性も、震災発生の夜、知人・親類宅や避難所など、人が集まっているところに泊まったというケースはほかにもあった。[*30]

《証言7》「（情報交換は）ここ（コミュニティ・カフェ）に集まっていつもいろいろ話してる。そのなかからいろいろ出てくるんです」（Xさん）

松原団地では建替えを機に、住民同士のつながりが大きく変化した。松本・宮澤の調査によれば、建替えの前後で、団地内の友人との交流について、半数近くは「変わらない」と回答する一方、「減少した」と回答した住民が三八・二パーセントいた。さらに、「居住年数が長い人ほど、建替え後は近隣居住者・友人との交流が減少し、新しい関係の構築が困難」であり、高齢者ほど建替えの影響を受けていることが示されている［松本・宮澤 2012:50-51］。

それでも、どうにかして建替え後の新しい住戸で新しい関係を構築しようと模索する動きもある。たとえば、二〇一二年夏、自治会は祭りのためのカンパ集めの機会を利用して、階ごとの住民同士が顔見知りになるような工夫をした。さらに、《証言7》にもあるように、団地への入居が開始されてまもなくつくられたボランティア団体は、現在も団地の外（草加市内）で活動を続けており、そこが運営するコミュニティ・カフェは一部の住民にとっては重要な場になっている。

一九七二年、松原団地でボランティア団体「野ばら会[*31]」が発足した。Xさんはこの会を立ち上げたメンバーの一人である。団地に入居してしばらくすると、働き手が出勤していった後、五〇～七〇代のひとたちが「団地に取り残されているのが気になって」、同じ団地に住む友人とボランティア活動を始めることにした。[*32]

野ばら会は、手芸作品などの制作活動だけでなく「ふれあい喫茶」というコミュニティ・カフェを定期的に開いていた。このコミュニティ・カフェは、松原団地の高齢者の情報交換にとって大きな役割を果たしていた。団地住民だけでなく、周辺に住む住民（なかには松原団地の元住民もいる）の地域情報の交換の場として、「ゆるやかなつながり」に支えられながら活用されていたのである。

震災後のさまざまな情報にしても、それ以外の日常的な生活情報や高齢者の安否に関する情報にしても、「普段の何気ないおしゃべりのなかでいろんな話が出てくる」ので、話しているうちに、適宜、その人にとっての必要な情報が得られるのだとXさんはいう。あらかじめ決められたトピックについての情報伝達・取得ではなく、井戸端会議的なとりとめのない会話のなかから自分に必要な情報が入ってくる形式は、非効率的で原始的とも思えるが、彼らにとってはこれこそがアクセスしやすい情報交換の方法なのだ。

二〇〇二年に団地に入居し、直後に妻を亡くした男性のWさんは、野ばら会の運営するふれあい喫茶について「俺もやもめだけど、あそこは後家さんが多いんだよね」と照れながらも「あれこれ世話になっている」と嬉しそうに語る。Wさんは新聞を購読し、[*33]社協の広報もよく読むが、テレビは「つまんないから」ニュース番組以外は視聴しない。そのかわりWさんは、ふれあい喫茶には頻繁に通い、そこで得た情報が重宝していると語る。

体調を悪くしたときなどは、病院のことや「ちょっとした手当ての仕方」を教えてもらったり、また、Wさんは自炊をほとんどしないため、安くておいしいお惣菜屋や飲食店の情報を教えてもらう。都内に住む娘は、時折夕食のおかずを届けてくれるので感謝しているが、毎回メニューが同じようなものだったり、母親の仏壇を拝んですぐに帰ってしまう（団地内には駐車場がないため）。しかし、ふれあい喫茶のスタッフは、ほどよい距離感でいろいろと世話を焼いてくれるのがよいのだという。Hさんにとってはふれあい喫茶での交流は快適に暮らすために欠かせないものなのだ。

野ばら会は、ほどよい距離感を保ちながら、住民と交流するスタンスを崩さないようにしている。喫茶の運営者側は、さりげなく様子を見ることはあっても、「頼まれないのにこちらから各戸に訪問したり、来るようにと強く働きかけることはしない」（Xさん）。利用者と運営者の関係の微妙なバランスを保ち、いわば「強制する／される」あるいは「施す／施される」といった固定的関係ではない、相補的関係を構築しているのもこのコミュニティ・カフェの特徴であろう。

前出の松本・宮澤は、野ばら会によるふれあい喫茶が、利用者だけでなく運営者側にとっても重要な場であることを指摘する。「高齢者の生活を支えるセーフティネットの形成には、ひとつに団地内において豊かな知人・友人関係を構築することが必要」［松本・宮澤 2012:52］としたうえで、ふれあい喫茶はスタッフも利用者も相互に助けあう「居心地の良い」関係性をつくり出しているだけでなく、そこでスタッフとして働く高齢の居住者に「社会的な存在意義」も与えていると分析する［Ibid.:54］。利用者／運営者といった単純に二分化された役割ではない社会的関係がそこに構築されているのだ。*34

4　団地のローカル・ネットワークと情報弱者

情報通信技術と高齢化社会

以上で見てきたような証言は松原団地の一部の住民によるものではあるが、そこからは高齢化の進んだエリアの防災や社会的弱者が過ごしやすい住環境を考えるにあたって無視することのできない問題が提起される。

住民たちの言葉からは、高齢化や建替えによってコミュニティが解体しているような状況においてもなお、細々とではあるが、直接的・対面的なやりとりを基にした情報交換や団地を取り巻くさまざまな主体が加わったローカル・ネットワークが機能していることがうかがえる。

これを、時代から取り残された郊外団地に住む情報弱者による「その場しのぎの」コミュニケーションの一事例と捉えることもできるだろう。しかしさらに視野を広げると、それだけにとどまらない、より大きな社会的なヴィジョンを考える鍵がそこから見えてくるのではないだろうか。今後の地域社会の情報インフラ整備の方向性やその利用の仕方を再検討すること、それは松原団地における今後の防災のあり方だけでなく、社会的弱者を包摂したローカル社会の将来像を描くうえでも大切な論点である。

今回の松原団地の高齢の住民へのインタビュー結果を見ると、総務省がまとめた『平成二二年版　情報通信白書』の分析結果とは多少異なった情報社会の姿が見えてくる。『平成二二年版　情報通信白書』第一部の冒頭では、総務省が推奨するICT（情報通信技術）は「情報のリアルタイムの入手、共有、発信、蓄積、活用等を容易にし、個のエンパワーメントや利便性の向上、経済・社会活動の効率的遂行などが可能になり、あらゆる地域において様々な効用をもたらす」としている。そして、第一章「ICTによる地域の活性化と絆の再生」では、「「医療・健康」「教育・就労」「生活・暮らし」の公的サービス分野でICTを利活用した国民本位のサービスへの利用意向は高く、また、ICTを利活用してこうしたサービスを提供した時の国民のメリットは大きい」と結論づけている。

東日本大震災以前に発行された同白書では、高齢者とICT利用についてもふれている。それによれば、六五歳以上の高齢者のインターネット利用率は三六・九パーセントと低調（全体平均七八パーセント）であり、年齢が高くなるほどソーシャルメディア（ブログ、SNS、マイクロブログ等）の利用率が低い。しかしそれでも、ソーシャルメディアは「家族・親戚の絆」「友人・知人の絆」「世代間の絆」「職場の絆」を再生する効果が高いと考えられるゆえ、「年齢が高くなるほど「絆」を再生する効果が高く、高齢者のインターネット利用の推進が重要」だとしている。

東日本大震災の反省をふまえて、その後、災害利用のためのICT利用環境は劇的に変化した。放送分野では地上デジタル放送への完全移行が行われ、通信分野においてはスマートフォンの普及、それにともなうSNSの普及やインターネットアクセスも格段に改良された。さらに、災害等情報共有基盤の運用も開始された[*35]。

二〇一六年に発生した熊本地震における災害情報環境の特徴は、「従来から活用されているJアラート等による一斉配信情報の収集だけではなく、自治体職員各々が情報を収集し、集約・共有を行うためにタブレット端末を活用したり、被災者が発信したSNSに基づく情報からニーズの収集を行うなどICTツールを活用した情報収集が行われていたこと」だという[*36]。

しかしながら、筆者が二〇一九年に松原団地住民を対象に行った調査や、団地の高齢住民との日常的な会話のなかから察するに、七〇歳代以上のひとで日常的にインターネットで情報収集しているひとは少数派であり、必ずしも最先端の情報技術が大いに活用され得る環境とはいえない。

ICTは確かに利便性に優れているばかりか、投資の対象にふさわしい技術として経済的な意味での成長市場である。しかし、高齢者をはじめとする社会的弱者、すなわち情報弱者を包含したローカル社会の実態をふまえると、ＩＣＴ推進については違った視点からの検討も必要である。

災害時の情報通信と情報弱者

周知のように、東日本大震災の被災者の多くは高齢者であった。日本社会全体の高齢化も急速に進んでいる。三菱総合研究所による「災害時における情報通信の在り方に関する調査結果（最終とりまとめ）」（二〇一二年）[*37]は、被災地での情報伝達に際してどのように高齢者に配慮したかについて、つぎのように報告している。

自治体職員やボランティア等の活動をしていた被災者にアンケートを行ったところ、「特に工夫はしていない」が過半数の六七・七パーセントを占め、「高齢者の多い避難所では、必ず紙による情報の配布を行った」ケースが二二・二パーセントであった。そして、市外の避難者には広報誌、災害等の参考・関係資料を束ねてメール便で月二回送付したり、ホームページでも同じ情報を提供するなど複数の手段を使った情報提供が八・一パーセントとなっている。さらに、避難所には情報が入るが、個人で避難する人にはまったく情報が入らないという苦情がかなりあったため、「そういう人たちには紙で送るのが望ましいという判断」があったと報告している［三菱総合研究所 2012:56］。

高齢者に望ましいICT環境については、「高齢者でも扱えるワンタッチボタンのもの」「タブレット的なものでないといけない。また、文字などを読み上げてくれるようなタイプでないと、難しいのではないか、必要な情報が強制的にポップアップされるようなものでないと、使われないのではないか」といった意見も出ている。このことから、一部では情報弱者である高齢者への配慮が意識されていたことがわかるが、果たしてそれで十分かどうか疑問の余地が残る。

災害時の「情報収集手段の変化」をめぐって、総務省の調査報告はインタビュー・コメントをもとにつぎのように問題を整理している。

第一に、発災直後や津波情報の収集に関しては、即時性の高い放送型ツール（とくにラジオとテレビ）が利用率・有用性ともに高いが、一方で被災地でのインターネット利用は限定的であった。先進ユーザらはTwitter等を活用して、即時性・地域性の高い生活情報を震災後に収集していたが、そうでない層もおり、そこでは「ICTツールの活用の可否による情報格差が示唆される」こと。

第二に、災害発生の直後は利用が高かったラジオでも利用者は全体の四割強であり、「複数の伝達経路による迅速な情報伝達の必要性が示唆される」こと。

第三にTwitterについては、被災地（現地）で「Twitterを使用している人はほとんどおらず、情報が上がらなかったため、Twitterを有効に活用することができなかった」ことである［総務省 2012a:6, 2012b:257］。

首都圏とは違い、停電や津波による被害が大きかった被災地において、ＩＣＴツールは際立って役に立っていたわけではなかった。しかし、ここで見すごしてはいけないことは、さまざまなメディアの相互補完的な活用があったからこそ、それぞれのコミュニケーション・ツールはその能力をより強く発揮できたという点である［津田 2011］。

避難所に貼ってあった手書きのメモを携帯カメラでだれかが撮影し、そのデータが知人らに送信・転送され、ボランティアの手でテキストデータ化された後、インターネットで検索できるようになった、というコラボレーション型情報網による支援活動［小林 2011］はもっともわかりやすいメディア連携の例である。視聴者からの電話やファックスを積極的に利用して地元の生活情報を提供しつづけた報道番組など、いくつかのツールが複合的に関わって情報が拡散されていったというケースもあった［岡村 2012］。

松原団地に居住する高齢の住民の口からは、震災時のＩＣＴ利用について語られることはほとんどなかった。先のインタビューからも明らかなように、震災直後の彼らの主な情報取得経路は口コミであった。携帯電話やメールも利用されていたようだが、基本的には対面的なコミュニケーションによる情報交換であった。

総務省の資料では「高齢者に望ましいＩＣＴ環境については、操作が容易な携帯電話、サイネージ、タブレット端末等」［総務省 2010:15］と分析されているが、松原団地の状況を見るかぎり総務省がいうところの「望ましいＩＣＴ環境」への道のりは遠い。

高齢者のＩＣＴ利用率を上げるという目標設定もひとつの解決策かもしれないが、「高齢者のＩＣＴ利用率が低い」という結果に配慮し、情報インフラの提供者側がＩＣＴを利用できない／していない高齢者に「合わせる」という発想も必要ではないだろうか。

学習する機会・環境にめぐまれ、みずから進んでＩＣＴを使いこなそうとする高齢者ももちろんいるだろう。しかし、身体的にさまざまな制約のある高齢者や障がい者に対して、ＩＣＴを積極的に使えるよう強く促すことは、ＩＣＴを使いこなせる「健常者」の住む世界への強制的な規格化ともとれる。また、災害への備えであっても高額の電子機器を購入する経済的余裕のないひともいるだろう。長年にわたって人生経験を積んできた高齢者が、自分よりはるかに若い人に頭を下げてＰＣの使い方を「教えていただく」という構図を、なかなか受け入れられないということもあるだろう。そのように、もしＩＣＴの利活用に際して経済的あるいは精神的負担がともなうのであれば、別の方法を提供・整備する必要があるのではないだろうか。*38

顔と顔を突き合わせたご近所ネットワークでの情報交換が心地よいと感じるひとにとって、

ＩＣＴは情報ツールのひとつにすぎない。[39]災害弱者となりやすい情報弱者が置かれた立場を積極的に考慮するならば、紙やface-to-faceによる情報発信・受信も、ＩＣＴと同じ価値のある情報ツールとして捉えてみる必要もあるだろう。そのうえで多種多様なコミュニケーション・ツールを維持し、それらを相互補完的に、いくつかのツールを組み合わせることによって、機能させることが求められる。

さらに、そうした機能を活かすための社会的ネットワークの構築・維持にも目を向けたい。先に述べた、拡声器があっても使用するひとがおらずまったく機能しなかった例のように、インターネットのインフラは必要ではあるが、それが「そこ在る」だけでは、防災や地域情報化をめぐる問題解決とはならない。多様なコミュニケーション・ツール、そしてそれを機能させる日頃からのひとびととの信頼関係が機能していることが前提となってはじめて、情報のインフラが活きてくるからだ。

とりわけ情報弱者にとって、情報取得手段の選択肢の多様性は重要だ。生命に関わるときにはなおさらである。先の「災害時における情報通信の在り方に関する調査結果」にも示されているように、高齢者に配慮して実際に紙で配布していたケースが、少数ながらもあった。いかなる状況においても絶対に停電しない技術や強靭なインフラを整備することだけでなく、電源がなくても機能する手段をいくつか育てておく／準備しておくこと、また高齢者をＩＣＴ環境に適応させようとするのではなく、高齢者にも使いやすいコミュニケーション・ツールや、彼らが情報交換できる社会的（対面的な）ネットワークをサポートすることが、むしろ合理的といえないだろうか。

ＩＣＴも「リアルな」関係、すなわちface-to-faceの関係があってこそ機能し、活かされ、支えられている。インターネットの普及をはじめとする情報通信技術の発達によって、私たちをとりまく世界が拡張されたわけではなく、情報にアクセスする方法（道）が増えたにすぎない。やりとりされる情報量は増えたが、膨大な情報がインターネットを介して一気に伝わってきても、それを処理するだけの余裕や編集力がない場合、それらの情報は「ゴミ」でしかない。つまり、いくらインフラを整備したところで、情報を読み解く基盤となる「リアルな」関係がなければ、ローカルな領域での情報ネットワークはうまく機能しないのである。

だれが「私たちの場所」の情報を伝達するのか？

ローカルな領域の情報とは、すなわち「私たちの場所」の情報である。普段の生活で欠かせないものであるが、とくに非常時において「私たちの場所」という感覚をもとにした情報収集はさらに重要になってくる。道府県／市区町村別に出される災害情報ではまったく役に立たない場合もある。日常生活の活動領域だけでなく、被害状況も行政単位を越境するからだ。

総務省の調査では、震災後は多くのひとがテレビから情報を得ていたことが明らかになっているが［総務省 2012a］、そこで発信されていたのは、おおかた日本全国（あるいは全世界）に向けた情報であった。他の町を襲う大津波や都心の帰宅難民の映像は、ある地域の被災者にとってほとんどなにも役には立たなかった。それは「私たちの場所」の情報ではなかったからだ。いくつかのローカルテレビ局やローカルFMは、首都圏にあるキー局とは違った姿勢で、あくまで地元に密着した情報を報道していたものの、停電の影響もあり、なかなかその情報を必要とする人には届かなかった。

松原団地の高齢者住民においては、実際に役立ったのはご近所のひとからの口コミの情報だったことは、前述したとおりである。そして総務省の調査でも、ラジオ、携帯（メール含む）、テレビ、ネット（ウェブサイト）の利用はたしかに高いが、「近隣住民の口コミ」も約三〇パーセントとけっして低くない数値となっている［総務省 2012a］。

深刻な被害のあった被災地では、震災直後、自分たちの町の情報の欠乏を嘆く声があがり、そして、首都圏の駅の帰宅難民の様子や自分たちの町や村ではない地域を襲う津波の映像ばかり流れるテレビへの苛立ちが強かった。このことは、当時の状況を克明に記録したいくつかのノンフィクションに記録されている。*40

深刻な被害に苦しんでいた被災者は、寒さに震えていただけでなく、「私たちの場所」の情報の遮断にも飢えていた。そこでひとびとに求められていたのは、大量の情報が素早く伝えられることだけではなかった。「私たちの場所」の人間が編集し、伝える、「私たちの場所」の情報であった。

震災の後、被災地の石巻で手書きの壁新聞が活躍し、[*41]新聞の配達人によって「見捨てられていない」と感じた被災者もいた。[*42]壁新聞が貼りだされたことで、地元のつながりを意識できたという被災者もいた。混乱の中で壁新聞を発行した石巻日日新聞の記者は、自分たちを「ジャーナリストというよりもローカリスト」だと述べているが、[*43]まさに、地元のローカルな人間であるからこそ、そして「私たちの場所」というローカルな感覚をもちつづけていたからこそ、地元に住むひとびとの気持ちに寄り添いながらローカルなニュースを発信できたのである。たんに情報を素早く大量に流すのではなく、あくまで地元の一住民の目線で記事を書くこと。記者たちにとって、それはジャーナリストであることよりも大切な事であったのだろう。[*44]

新聞の配達人であれ記者であれ、彼らもまた地元の住民であり被災者である。このことは、新聞が何を伝えてくれたか、それは迅速で役立つ情報だったか、といった基準（記事の内容の質）とは違う視点で、捉えておくべき社会的現実であろう。つまり、情報を出す（運ぶ）主体が「だれか」という視点は、私たちが考えるよりもはるかに重要である。よく見知っているだれかからの情報は、そうではない送り手からの情報とは明確に区別される。地元の新聞社やローカル局といった組織であれ、個人であれ、ある程度顔の見える社会的ネットワークが基盤にあってこそ、ローカルな情報が活きてくるのである。*45

団地のなかの社会的ネットワーク

団地のなかで展開される顔の見える関係性、すなわちローカルなネットワークにはいくつかのパターンがある。団地というローカルな領域に居住するひとびとのネットワークもまた、各住戸や団地内に完結するものばかりではない。

団地居住者の社会的ネットワークについて整理すると、おおよそつぎの三つに分類できるだろう。一つ目は、各住戸それぞれの内部で（家庭内で）「ハコ」として完結した人のプライベートな間関係［I型］、二つ目は住戸だけでなく住棟や団地内の他の居住者とのネットワークによって「ムラ」として形成された人間関係［II型］、三つ目は住戸、住棟と団地の一部に加え、団地外の（近隣の）ひとびとを含めたネットワークによって形成された人間関係［III型］である。それぞれ図示してみると図3－2のようになる。

団地に対するステレオタイプ化されたネガティヴなイメージは、おそらく家庭内の人間関係だけに目を向け、窮屈なハコとしての住戸にとどまるI型が強調されたものであろう。一般的な団地ではそれぞれの世帯の居住空間が、独立性を保ちプライバシーを守るような構造になっ

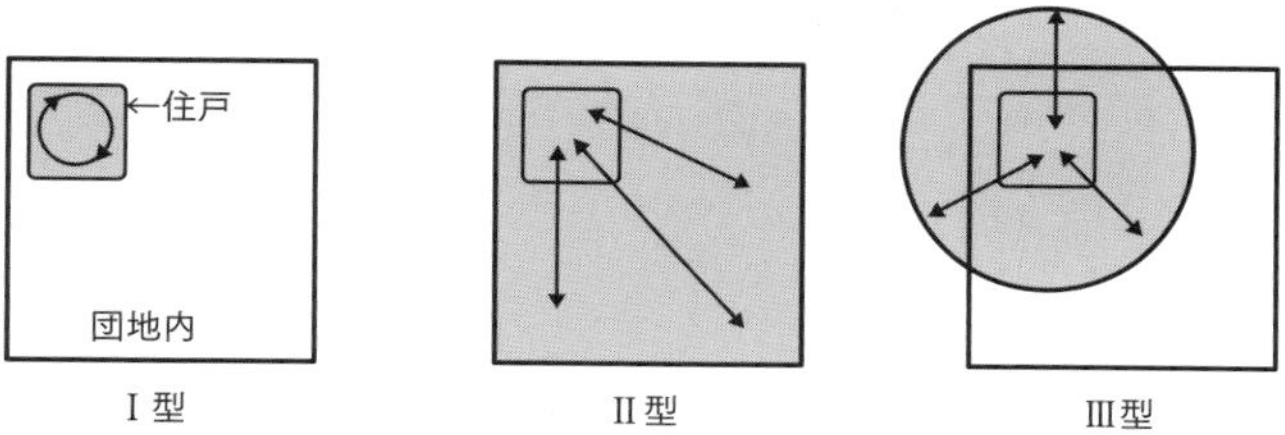

図 3-2　団地居住者の社会的ネットワークの形

ているため、そこに住む家族だけのネットワークが形成される。

Ⅱ型は「団地の住民（団地の子）」あるいは「団地族」という表現が示すように、団地というローカルな領域が基盤となり、団地外の住民との対峙する関係において見出せるネットワークのパターンである。

そしてⅢ型は、とくに今回のインタビューから浮き彫りになったもので、それはハコでありムラでありつつも、団地外（近隣）とのつながりを有したネットワークのかたちである。

各団地や時代背景によっても状況は異なるので、この類型だけであらゆる団地における住民のネットワークや時代的変遷を示すことはできない。また、同一の団地であっても各住戸に居住するひとの属性によって異なるだろう。しかし、前出のインタビューからわかるように、近隣住民や団地に出入りする介護関係者（ヘルパーや家族、ボランティア団体スタッフ）と高齢の団地住民との関わりは、血縁関係でもなく代々続く地縁によるものでもない。Ⅰ型ともⅡ型とも違う、Ⅲ型のネットワークであり、新たな形態の社会的関係といえよう。

近代以降、ひとびとは血縁・地縁から解放され、個人の選択意志によって新たな人間関係を形成・選択してきた。しかしそれは同時に、人間関係の基幹となる中間集団において、関係性の希薄化と不安定化を促した。新たな人間関係を築けない、あるいは維持できない状況に陥ったとき、共同体からの解放は人間関係を失うことを意味しているのではないだろうか。

この問いについて、無縁社会と社会的排除の構造について分析した石田光規は、「解放」と「剝奪」という概念を使い、つぎのように分析している。すなわち、近代化の過程とともに、個人の自由意志と選択によって結ばれるようになった社会的関係(イギリスの社会学者A・ギデンズがいう純粋な関係pure relationship)は、二つの言説を生み出した。ひとつは、純粋な関係を「個々人の自己実現や個性の発揮と結びつける「解放」の言説」で、もうひとつは「人間関係の希薄化と結びつける「剝奪」の言説」である。[*46] 家族関係についていえば、未婚件数や単身世帯数が増加しつつも、家族や結婚に対する意識の保守化はむしろ高まっている傾向がある。つまり家族関係は、「「剝奪」による希薄化の側面は色濃く出ているものの、「解放」により手にするはずの新たな関係の萌芽はほとんど見られなかった」という。それは仕事上の人間関係についても同様で「解放と剝奪の狭間」にあるという。要するに、家族(親)や上司から束縛はされたくない(解放の恩恵は受けたい)が、独立や結婚によってそれまでの人間関係や自由を失いたくない（剥奪は免れたい）という気持ち、いわば既存の関係に「すり寄っていたい」という心性が垣間見られる。ただし、地域関係についてはこれらと異なり、既存の関係は崩れてきてはいるものの、「剥奪」の文脈では捉えられておらず、新たな連帯の形成までには至っていないと石田は分析している*47［石田 2011:52-60］。

転じて、都市郊外に位置する松原団地を見ると、そういったケースとは多少異なった様相が浮かび上がってくる。松原団地住民は、自分たちの意思ではない強制的な「剥奪」すなわち、建替えを経て、それまで構築してきたネットワークも活かしながら、彼らなりに団地の外部の人間も含めた「新しい連帯」の萌芽を育んでいる。それが震災時に表面化したといえよう。

ただし、松原団地での人間関係の再構築が、伝統的な村落社会への回帰や家族や企業への依存を前提あるいは理想とするのであれば、その歩みは険しくなるだろう。まさに石田が指摘するように、「日本社会は、生活保障システムを、伝統的紐帯から完全に解放しなかったからこそ、そこに住む人たちは伝統的紐帯に頼る、またはすがる気持ちを根強くもち続けて」おり、そのような依存的心性は「既存の関係へと関心を集中されるため、新たな連帯構築への歩みを弱体化させる」［Ibid.:62］からだ。

松原団地の場合、伝統的村落社会のような強い紐帯に支えられたコミュニティではなく、またそこに回帰しようとする流れも見えないが、ローカルで対面的な関係性がまったく壊れてしまったわけではない。一定の距離を保った都市的なつながりが確認され、それは団地内部で完結したネットワークではなく、団地の近隣住民やヘルパーなどの団地の「外」のひとびとをも巻き込んだface-to-faceのネットワークによって支えられている。こうした特徴は、新たな連帯を生み出しうる将来的な可能性と結びついているのかもしれない。

5 「私たちの場所」の情報

今後の地域情報――それは行政圏に限らないエリアの情報――のインフラ整備、さらには住みよい生活環境を考えるとき、いかにして「私たちの場所」に関する情報がやりとりできるかがキーとなってくる。

災害時、個人で処理できないこと、住民の自助(共助)努力でどうにもならないことに対する行政からの公的な援助は必要不可欠である。しかし同時に、情報ネットワークの構築に関していえば、被災エリアは行政区画に関係なく広がる場合もあるため、「私たちの場所」についての情報、すなわちローカル情報を住民自身がみずからの手で発信してゆくメディアとネットワークが必要であり、さらには住民自身の手で運営される情報交換の場も、ひとびとの生活を支える柱となるだろう。

ただし、実際にそれを生み出し、維持することは難しい。松原団地だけでなく多くの郊外団地が抱える問題、すなわち地域の担い手となる人口の減少は避けられないからだ。

松原団地を「限界集落」と捉えることもできるだろう。社会学者の山下祐介は「超高齢集落の五つのタイプ」のひとつに、「開発の早い郊外住宅地」すなわち「老朽化した初期の広大住宅地」を挙げている。*48

「こうした団地は、古ければ古いほど老朽化し、住環境は劣化する。そのため、新たな若い世代の入居は敬遠され、いうなれば一代限りの使い捨てコミュニティになる危険性が高い。他方で、家賃は安くなるので、こうした住宅地には所得に余裕のない層も多く含まれていくことになる。こうして世代問題と階層問題が絡まって、古い郊外団地は、村落や伝統的市街地に比べても状況が複雑化する可能性を持っている」[山下 2012:128-129]。

しかし山下自身、被災地をまわった経験から、「集落が小さく、高齢化の進行している地域ほど――すなわち、限界集落問題が先鋭化している場所ほど――支え合い、かばい合って、災害後の地域の運営は上手になされていた」と指摘しているように[Ibid.:11]、単純に過疎化によってその社会が崩壊するわけではなく、高齢化が進んだ地域であっても、それなりの生活が営まれ、社会がうまくまわっているケースもある。

山下によれば、二〇〇七年の国土交通省の発表で、過去七年間に過疎地域だけで一九一の集落が消えたとされているが、「その内容を見てみると、ダム・道路による移転や集団移転事業、自然災害が含まれており、高齢化のために共同生活に支障が生じ、消滅に至った集落が一九一あったというわけではない。それどころか（略）調べた限りでは高齢化の進行による集落消滅は、全国の中でまだ一つも確認できない」という［Ibid.:42-43］。つまり、単に「高齢化率が高いから限界集落」なのではなく、それは、後継者や若い世代に地域継承がなされていないことや世代間の住み分け（大量の人口排出の背後にある定住）のバランス、すなわち「人口の排出と定住のバランスの問題」によるものだという［Ibid.:117-120］。

たしかに松原団地でも高齢化が進んではいる。しかし、震災の前後をとおして相互に支え合う社会的な関係は、細々とではあるが、活きていることが確認された。そこでの関係性は、団地内の住民（ムラの住民）のなかで完結するネットワークではなく、利用者の日常に深く介入するヘルパーや、団地住民と長い時間を過ごした経験のあるかつての住民、団地の周辺に長く住みつづけるひとびとも参加して形成されるネットワークである。それは、住民の体力的な限界という脆弱さを抱えながらも、その場にふさわしい仕方で「私たちの場所」の情報が伝達されるネットワークとして機能しているのである。

もっとも、情報といってもさまざまな種類があり、それぞれの情報に応じてその取得手段も異なっていることは注意して見ておかなければならない。スマートフォンの普及やネット環境の向上と低価格化にともない、若年層のみならず高齢者にとっても、情報取得ツールの中心がインターネットを介したものになりつつある。

ただし、情報の種類によっては依然として対面的コミュニケーションの果たす役割も重要であることに変わりない。たとえば、厚生労働省が公表した受療行動調査（二〇一七年度）の結果によれば、医療機関の外来・入院についての情報収集は、いずれも「家族・知人・友人の口コミ」が七割を超え、「医療機関が発信するインターネットの情報」は二一・一パーセントだという。

ネット上ではさまざまな商品・店舗・病院・宿泊施設・サービスなど、あらゆるものに関する口コミを読むことができる。実際に消費行動や受療行動を起こす際に、それを参考にすることも少なくない。しかし、実際に自分の（もしくは家族の）身体・健康に関わることや医者選びに関してはより慎重になり、最終的には、実際にその医療機関を受信した人があるひとのコメントをもとに、どこの医療機関を受診するか決める。個人的経験からも、そして松原団地住民への聞き取りからも、受療行動調査の結果には納得がいく。

まさに野ばら会の喫茶で、普段の「おしゃべり」のなかから出てくるような類の情報（この薬がいい、あの医者がいい、といった話題）は、インターネットでは拾えない情報であり、なおかつ彼らの生活には欠かせない情報でもあるのだ。そういった対面的な情報ネットワークを維持してくことも、「情報化」にとって欠かせない視点ではないだろうか。

本論では、団地の高齢者の震災直後の情報行動についてのインタビューをとおして、団地「内」に限定されたネットワークだけでなく、団地の近隣住民や、かつてそこに居住していた団地住民、そして訪問介護のスタッフなども加わった多層的なネットワークが、互いの距離をうまく保ちながら高齢の団地住民の生活を支えていることが明らかになった。

つぎの第4章では、これまでの松原団地、そして現在のコンフォール松原を舞台に、どのような住民ネットワークが機能し、また活動しているのか・活動してきたのか、キーパーソンからの聞き取りをもとに知見を深めてみたい。

注

＊1　さらにいえば、汚染や被害の指標や健康の基準（定義）も、政治的・文化的な文脈に依存する。そもそも人間が社会的動物である以上、科学者もまた文化的な、そして政治的な繋縛から逃れることはで

きない。被災者という「定義」も政治的なやりとりのなかで決められ、科学的根拠にもとづいた被曝の上限の値さえ文化的な文脈からは独立することはできないのである［Douglas 1992:23-24］［Köpping 2002:199］。

＊2　それにもかかわらず、行政サービスやそれに付随する医療サービスは県単位で提供され、県境を越えると内容も異なるといった問題があるという。「県境越えた健康調査を」（『朝日新聞』二〇一二年九月一七日）参照。

＊3　金子けえ子さんは、成人した娘が小学校の同窓会で友人に「（小学生のときは）団地の子はいいなー、と思っていた」と明かされたと語る。下校後に再集合して一緒に遊ぶときも、（団地内の）各地区の集会所を集合場所にしてすぐに集まれるから、というのがその理由だ。分譲一戸建てで育った子どもたちのなかには、団地で育った子を「うらやましい」と感じる子どももいたようだ。

＊4　松原団地自治会が結成された一九六三年、栄小学校と栄中学校が開校し、その翌年（松原団地全地区の入居が完了した年）、北谷小学校が開校した。その後、一九七〇年に花栗小学校、一九七二年に花栗南小学校が開校。現在の松原団地は、栄小学校、松原小学校（北谷小学校と花栗小学校が合併し二〇〇九年に創立）、花栗南小学校の学区域となっている。

＊5　団地住民と地元住民との対立関係については、小説やルポルタージュにも描かれている。本書第1章を参照。

＊6　『草加市総計データブック二〇一六』参照。

＊7　さらに近藤は「賃貸、分譲併存団地における例」と限定したうえで、「団地居住者間においても、分譲住宅内の児童遊園施設を、賃貸住宅居住者児童が無断で使用することに対する反対運動がおこる」

ことがあったと記している［近藤 2010:62］。団地をめぐる社会的な境界線を考察するうえできわめて興味深い証言である。本論ではこれ以上くわしくは立ち入らないが、こういった見えざる境界線の問題は、社会的・経済的階層分化の問題とからめて論じるべき重要な課題であろう。

＊8 団地という住環境の理想的なイメージを維持するため、設計者によって「周辺環境との圧倒的な「差別化」」が戦略的に行われた［文屋 1990:40］。

＊9 これまで筆者が調査してきた東京の谷中・根津・千駄木エリア（台東区、文京区、荒川区、北区の境に位置する旧市街で通称「谷根千」）などはローカルEの典型である［岡村 2011a］。筆者の研究関心は、まさにDやEといったローカルな領域にある。「地域」というと、どうしても行政的な領域をイメージしてしまうので、筆者は、その研究対象について「〝地域〟メディア」ではなく、あえて「〝ローカル〟メディア」という呼称を用いている。

＊10 原武史が着目する「居住地組織」［原 2012a:103-104］は、団地と同じくローカルDのひとつといえよう。原は居住地組織という概念を分析するなかで、それが市民団体の活動基盤となっており、とくに「国鉄中央線と西武池袋線、西武新宿線の沿線が突出して多かった」ことを指摘している［原 2012:104］。行政区ではなく、より小さいもしくは大きいローカルな領域において市民的な結合が強まる背景には、交通のインフラの存在があったという分析はきわめて興味深い。

＊11 『朝日新聞』一九六三年三月一三日。

＊12 『朝日新聞』一九六九年四月二一日。

＊13 URが行った「平成二二年UR賃貸住宅居住者定期調査基本分析」（本社住宅経営部営業促進室）の概要によれば、UR賃貸住宅に入居する家族構成は、二〇〇五年に初めて「単身」が「夫婦＋

子（ファミリー）」世帯を上まわり、二〇一〇年には全世帯中三五パーセントが「単身」世帯となったという。そのうち六五歳以上の高齢単身世帯も八・二パーセント（二〇〇五年）から二〇一〇年には一四・九パーセントに増加した。さらに、世帯全体の平均年収は、五〇五万円（二〇〇五年）から四八四万円（二〇一〇年）に、世帯主の平均年収は四一八万円（二〇〇五年）から四〇二万円（二〇一〇年）に減少した。同調査では、退職者（年金生活者）の増加によるものと分析している。

＊14 団地愛好家の集いやトーク・ライブは、それを知るのに絶好の場所である。

＊15 杉本曉子監督によるドキュメンタリー「海岸通団地物語」は、横浜みなとみらいのUR団地建替えを淡々と記録した秀作であるが、そこに映し出された、団地住民たちの笑顔や不安の表情は、松原団地のケースとかさなるところが多い［岡村 2011b］。実際、この映画を獨協大学で上映した際も、観客として来場していた松原団地住民から「まるで自分たちのことを見ているみたいだった」といった感想が寄せられた。

＊16 団地に限定した調査ではないが、二〇〇八年度の国土交通省による調査でも、高齢化集落（六五歳以上の人口が五〇パーセント以上の集落を含む一定の地区）の世帯主の約九割近くが、現在のところに住みつづけたい、と回答している。その理由は、家や地域への愛着と生活様式を変えたくないことが上位になっている。それとは逆に、一五～二九歳では、四割超が将来的に移転を希望している（国土交通省「日常生活に関するアンケート」二〇〇八年一二月）。

＊17 この調査結果の詳細については非公表。

＊18 一貫して生活者としての居住者の側に立った増永のUR都市機構への批判と提言は、松原団地の状況に照らしあわせても、大いに参考になるものである。

＊19　伏見憲明の小説「団地の女学生」のなかで描かれる住民どうしのコミュニケーションでは、まさにこの「きまり」が踏襲されている様子が描かれている。物語は、同じ階に住む八四歳で一人暮らしの瑛子と、五年前に亡くなった両親の遺産で生活する四〇代でゲイの中年男性ミノちゃんとの交流を中心に進んでゆく。瑛子にとっての団地は、「生涯出ることのなかった」「亀裂の入ったコンクリートの箱」［伏見 2010:132］であり、「高度経済成長期に建てられたこの団地群では、ひび割れが目立つようになったコンクリートの壁同様、いまや残された住人の大半が高齢でどこかに病を抱えていた」［Ibid.:128］。しかしながら、それでも――あるいは「それゆえに」というべきかもしれない――、ある日、ミノちゃんは捨て猫の里親になってくれないかと瑛子に頼み、一方瑛子は五年ぶりに帰省する高崎での墓参りの付添いをためらいながらもミノちゃんに頼む。「他人の生活に踏み込まない」という団地住まいの極意を「金科玉条のごとく」［Ibid.:153］守ってきた瑛子と、仕事もセクシュアリティもよくわからないミノちゃん（少なくとも高齢の瑛子にとっては）、二人のやり取りの描写は、けっして親密とはいえない。しかし、そこにはほどよい距離を保ちながら、相互に支え合う団地内の住民同士の社会的紐帯がよく表されている。

＊20　震災時、筆者がいた獨協大学中央棟七階の個人研究室では、長い揺れとともに、棚からたくさんの本や資料がザラザラと雪崩のように落ちてきた。同じ建物の九階の個人研究室の震災直後の様子の記録写真は、『地域総合研究』五号（二〇一二年）に掲載されている。

＊21　一般的に「高齢者」とは六五歳以上を指すが、個人差や当事者の意識・社会参加の度合いなどを考慮すると、必ずしもその基準が実態に即しているとはいえない。一九九六～九八年にかけて、獨協大学と草加市が共同で行った調査「近郊都市の高齢化――草加市の場合」によれば、調査に協力した六〇

〜七〇歳代の松原団地住民の多くが、調査者に対して「七〇歳以上」もしくは「七五歳以上」が「高齢者」だと思うと語っている（とくにこの調査の第三部「高齢者の社会参加意識——松原団地の事例を中心として」を参照）。そのことを考慮して七〇歳代以上の住民の証言を取り上げた。

＊22 震災直後から、防災無線を入れてほしいと自治会はURに要求したが、「検討してみます、だけだった」とTさんは語る。その後、草加市の防災放送設備が充実し、九〜三〇号棟の敷地に、マンホールトイレ、ベンチコンロ、AEDなどが設置されるようになった。

＊23 URの埼玉地域支社に震災当日の対応について直接筆者が問い合わせをしたところ（二〇一二年一〇月一五日）、「記録に残っていないのでわからない」との回答であった。

＊24 草加市教育委員会『ふれあい　文芸草加』第二七号。

＊25 ヘルパー派遣を統括する社会福祉法人草加市社会福祉協議会介護課の日下昌代課長によれば、送迎のスタッフが「背負って」利用者を階上の住戸へと上げたという報告は耳にしていないが、女性スタッフ二人がかりで、一人の高齢者を階上の住戸まで上げたという話はあったという。いずれにせよ、ヘルパーたちの臨機応変の対応が、災害時の身体的弱者の生活を支える柱となっていたことがわかる。

＊26 訪問介護員（ホームヘルパー）とは、介護保険法にもとづく訪問介護を提供する専門職（おもに介護福祉士や国が定めた研修を終了した者）である。訪問介護員は、社会福祉法人、医療法人、NPO、民間企業等が運営する事業所で訪問介護に従事しており、食事や入浴、排泄等の支援といった身体介護と外出支援等の移動介助のほか、生活援助として調理、洗濯、買い物等の援助や代行を行っている。詳細は全国社会福祉協議会ウェブサイト https://www.shakyo.or.jp/guide/shikaku/setsumei/05.html を参照。

＊27　前出の日下氏より資料提供があった。

＊28　草加市内の民生委員の活動対象のエリアは一二地区に分けられており、そのうち草加市松原一～五丁目が松原地区（コンフォール松原は一～二丁目）とされている。

＊29　一九七二年に獨協大学広告研究会が松原団地を調査した記録によれば、生活に密着した情報を得るための媒体としては、第一に自治会報や催し物サークルの広報、第二に全戸無料配布の団地新聞が二、三種、第三に議員などが発行する私新聞（政治新聞）があった（『Reklame 6』獨協大学広告研究会、一九七二年一一月三日）。

＊30　今回の調査対象からは外れるが、団地に住む二〇代前半の女性（専業主婦）は、震災の夜は夫が帰宅できなかったため、二歳の子どもを連れて歩いて一五分ほどの実家（草加市内）に行き、両親や姉たちと夜を過ごしたと語っていた。さらに、筆者の周囲にも、いったん自宅（松原団地駅前の高層アパート）に戻ったものの、繰り返される揺れに恐怖を感じ、大学に「避難」してきた同僚がいた。多くの人が集まる避難所を必要とするのは高齢者だけではない。

＊31　同会については『野ばら会　三〇年の歩み』（二〇〇二年、六〇―六一頁）、および本書第4章を参照。

＊32　一九七一年に獨協大学広告研究会が調査したところによれば（サンプル数四〇〇、回収率七〇パーセント）、当時、団地内の主婦たちのサークル活動はあまり盛んではなかったようで、サークルに参加していると答えた主婦は一三・五パーセント（四六人）であった（獨協大学広告研究会『Reklame 5』一九七一年一一月）。

＊33　Wさんは、年金生活なので「やめようと思ったんだけど持ってくるからしょうがない（笑）、まぁいいや、腐れ縁だ、と思って」新聞購読を継続しているのだという。

＊34　利用者（客）と運営者（店員）との境界が曖昧であるという点で類似した事例としては、大阪の高槻市の「カフェ・コモンズ」が挙げられる［渡邊 2012:177-195］。このカフェにおいても、客と店員がその役まわりを自由に行き来しながら（それは「ふれあい喫茶」よりもはるかに自由である）緩やかな連携を保ちながら「場」が構成されている。カフェ・コモンズは地域社会の高齢者を対象にしたものではなく、社会に居場所を失った若者たちの集う場としてオープンした経緯があるが、主催者の渡邊太は、アメリカの社会学者オルデンバーグの言うような家庭でも職場でもない「第三の場」として機能する「開かれた社交場」が現代のひとびとに強く必要とされていることを強く主張している［Ibid.:196-200］。

＊35　『平成二九年版　情報通信白書』二一三頁。

＊36　『平成二九年版　情報通信白書』二三八頁。

＊37　［総務省 2012b］の「第三章　大震災からの教訓とＩＣＴの役割」（二六八頁）も参照。

＊38　ＩＣＴに適応できない情報弱者が置かれた状況は過酷である。それは日本だけでない。彼らが求職活動や各種福祉サービスから排除されていく過程を、イギリスの映画監督ケン・ローチは『わたしはダニエル・ブレイク』（原題 I, Daniel Blake 二〇一六年公開、イーワン・フィルムズ）でリアルに描き出している。この作品からは、国や自治体の複雑な福祉制度への批判とともに、個人の尊厳を剝奪するような電子化された申請システムへの批判も読み取れる。インターネットをうまく使いこなせない主人公が、苛立ちと焦りのなかで各種の申請をやめてしまうシーンが印象的である。

＊39　インターネットで検索する情報の多くは、自分の知っている地域や人物の情報であるという調査結果がある。『平成二二年版　情報通信白書』を見ると、若年層にくらべて、中年層・高齢層ともに「地

域情報」の収集が、ＩＣＴを利用する際のテーマのひとつとなっている。インターネット上の情報交換は、まったく知らないだれかではなく（出会い系サイトなどの少数の例外を除いて）よく見知っている友人とのあいだで行われ、そこで検索する情報は知らないどこかの町の情報ではなく、自分にとっての身近なエリアすなわち「私たちの場所」の情報なのである。

＊40 ［石巻日日新聞社 2011］のほか、［河北新報社 2011］［石井 2011］［笠井 2011］などに記述されているように、震災直後の被災地では住民らが望む「私たちの場所」についての情報がなかなか入ってこなかったことがわかる。

＊41 石巻日日新聞社が、被災直後から出した六枚の手書きの壁新聞は、ワシントンＤＣのニュースの博物館「ニュージアム」（二〇一九年一二月閉館予定）に所蔵されている。石巻日日新聞に関する資料は、石巻市の「NEWSée（ニューゼ）」にも展示されている。

＊42 日本における日刊紙の発行部数は、震災前の二〇〇四年は七〇〇〇万部を超え、世界第一位であるが（http://stats.uis.unesco.org/unesco/TableViewer/tableView.aspx?ReportId=398）、これは宅配制度によるところが大きいだろう。そういった状況をふまえると、新聞配達人の社会的存在もけっして小さいものではない。

＊43 『情熱大陸：石巻日日新聞』（二〇一一年九月一一日放送、毎日放送）および近江弘一社長へのインタビュー記事「ローカリストの時代」（『朝日新聞』二〇一四年一一月七日）を参照。

＊44 石巻日日新聞社での筆者によるインタビュー（二〇一二年六月二五日）で、武内宏之報道部長（当時）は、今後ローカリストの記者として若い世代をどう育てていくかが課題だと語っていた。

＊45 石巻では、災害ボランティアセンター「ピースボートセンターいしのまき」も紙媒体『仮設きずな新

聞』を無料で隔週発行し、仮設住宅入居者への個別訪問を兼ねた情報プロジェクトに取り組んでいる。同センターのスタッフ岩元暁子氏によれば、石巻では口コミが強力かつ有力な情報ツールのひとつであるという（筆者によるインタビュー二〇一二年一一月一日）。二〇一九年一月現在この紙媒体は『復興きずな新聞』と名前を変え、岩元氏が代表となり復興きずな新聞舎から月一回（六〇〇〇部）発行されている（団体パンフレットより）。http://www.kizuna-shinbun.org/about/

＊46 「孤独死」の発生件数・発生率に関する基礎データの不足やその指標の曖昧さがあるにもかかわらず、孤独死のデータを短絡的に「結婚率や単身世帯率と結びつけること」によって、「一人暮らし＝孤独死といった萎縮した心性を涵養したり、社会保障の不備から目を逸らし、関係のみに支援を集中させる弊害を生じさせる」危険性があると石田光規は指摘する［石田 2011:25-26］。

＊47 石田が調査した地方の町村部居住者においては「孤立」の傾向があり、新たな連帯への意欲はあるが実際の活動には結びついていないといった実態もあるという［石田 2011］。

＊48 公営住宅の削減を報じる記事のなかでは「高齢化進む限界団地」といった表現もある（『朝日新聞』二〇一〇年一一月二八日）。

第4章

松原団地の相互扶助的な関係

前章では東日本大震災後の松原団地住民の情報行動に着目し、団地というローカルな領域でどのように住民が情報を伝達・取得しようとしていたのか、そこにどういった問題が生じていたかについて考察した。

本章では、高齢世帯が多く住む松原団地（コンフォール松原）の住民の活動を取り上げ、地域社会における相互扶助的な関係の構築のために、住民たちがどのようなネットワークを築いているのか、各活動団体の代表者へのインタビューからみてゆこう。

開本嘉仁と佐藤竜也による調査によれば[*1]、コンフォール松原の約三六〇〇世帯のうち七六七世帯が高齢者で、四六パーセントが七五歳以上だという。また、二〇一五年国税調査のデータを基にした二五〇メートル・メッシュで表したもので確認すると、獨協大学前駅（旧松原団地駅）周辺と西側の南北に広がるエリアに、高齢単身もしくは高齢夫婦のみの一般世帯が多いことがわかる。

高齢化が進む団地のなかで、住民たちが互いに支え合いながら、ローカルなネットワークを築き、よりよい生活環境を整えようとする姿がある。その代表的な事例として、一三号棟の交流会、団地住民の生活支援を行う見守りネットワーク、そして野ばら会がある。

1　一三号棟の交流会

まずは松原団地（コンフォール松原）の一三号棟の住民をメンバーとする住民サークル、一三号棟の会をみてみよう。この会は、団地の建替えにともなう住替えや転出によって、それまで棟ごとに築いてきた近隣住民同士の関係が崩れてしまった状況を、どうにか克服・改善すべく模索している小林光雄さんが中心メンバーのひとりとなって立ち上がった。

建替えによって、それまでの人間関係が「要するに、がらがらぽん、しちゃったわけですよ。それで、いまだに（新しい環境や人間関係に）馴染んでないひとがいる。とくに、戻り入居して間もないD地区からの入居者（第五期の戻り入居）が多い棟はコミュニティというのがぜんぜん成り立たない、というのが今の現状なんです」。そう語る小林さんは、一九九二年から松原団地に居住し、戻り入居を選択、二〇一二年にコンフォール松原一三号棟に入居した。みずから「お節介人」と称し、同じ住棟の仲間とともに、交流会の企画・運営をボランティアで行っている。

一三号棟のほかにも、コンフォール松原の一号棟から八号棟までの女性たちが中心となり、六号棟の集会所*2を活動拠点とする「六号会」や、一五号棟の住民有志が中心となって立ち上げた「いちごの会」など、棟ごとの住民サークルがいくつかできており、それぞれの中心人物同士の交流もある。いちごの会は結成してから二年ほど経過し、最近は「パリポリくん体操[*3]」を活動に取り入れており、その体操の「評判がいい」ので一三号棟の会でも取り入れようと思っているのだと小林さんは語る。

小林さんの協力をえて、筆者は二〇一九年六月、一三号棟の住民をおもな対象としてアンケート調査を実施した。[*4]記述式の回答欄からは、駅や商店からのアクセスの良さや設備の新しさ、衛生面や眺望の良さといった点で、おおむねコンフォール松原での生活に満足してはいるものの、かつての住民同士の交流が途絶えてしまったことを憂う住民の気持ちも読み取れた。

一九八九年にテラスハウス（C地区）に入居した六九歳の女性は、回答欄に小さな文字でびっしりと自分の思いを記入している。彼女は「前のテラスハウスでは家庭菜園を楽しんでいた」が、現在の住戸のベランダには避難はしごが置かれており、プランターなどが置けなくなってしまったため「楽しみがなくなって生きるのが嫌になるとき」があるという。住替え前は同じ棟の住人との交流が頻繁にあったが、コンフォール松原入居後は「隣の方に会うこともないのでさびしいです。前のテラスハウスのほうが楽しかったです。近くの方、誰でも話ができたので……同じ棟の方とは別々の棟になりなかなか会うことができません。（略）ラジオ体操では、名前は知らないけれどときどき話す人はいる。でも挨拶だけです」と綴っている。新しい環境へのストレスからか、住替え後に持病が悪化し気分の優れない日々が続いているという。建替えが「完了」しても、人間関係や日常生活の再構築が完了したわけではないということをあらためて思い知らされる文面であった。

また、一九七八年にB地区のテラスハウスに入居した七八歳の女性も「駅に近くはなったけど（以前は駅まで二〇分、今は七分）、隣近所との交流はない。B地区の頃の知人とはあまり会うチャンスがなくなった」と回答している。テラスハウスは二階建だったため「階段の上り下りがたいへんだった」が、現在はエレベーターの生活になり、運動不足になったという。

一九六三年にD地区に入居した六八歳の男性は、「近隣の人との関わりがなくなった。お互い話すこともなく寂しいと思う」と回答欄に記入している。

同じ棟に住んでいた知人たちの関わりがなくなったといった声は、コンフォール入居直後からあり、そういった声を受けて二〇一三年、一三号棟の交流会がスタートした。年に一〇回（ほぼ毎月一回、第四土曜）の活動は、二〇一八年末で五〇回を迎えた。

活動内容は多岐にわたる。これまで開かれた「交流の集い」では、茶話会をはじめ、コミュニティバスぱりぽりくんを利用して草加市内の史跡めぐりや清掃工場見学をしたり、東京都内の赤坂離宮見学や、医療制度や植物に関する勉強会、季節の催し（お花見、新年会）といった企画を楽しんできた。獨協大学を散策して学食を体験するという企画もあった。

各回一〇～二〇名前後の参加者があるが、「全一〇八戸にお知らせを配布しても、新規入居者で参加してくるひとはほとんどいない」という。新規入会者がいないことに加え、運営する側の人手不足などの問題もある。一三号棟では、コンフォール松原の新築当初から「何年か経って、だいたい二割程度入れ替えがある」とみているが多くは「入居から三年を経てもなかなか集まりに出てくることがない」のだという。

そもそも、個人（世帯）の転入居に関する情報がまったく近隣住民に伝わっていない、という根本的な問題がその背景にある。管理者であるURが、個人情報保護のため、転入転出に関する情報は「絶対に出してくれない」からだ。情報がないと、入居したかどうかもわからず、サークルへの勧誘手続きもできない。個人情報を保護する法律が、地域社会のネットワークづくりにあたって大きな障壁となっていることは、よく指摘されるところである。たとえば、社会的孤立の問題を研究する結城康博はつぎのように指摘する。

「孤独死対策において地域住民をはじめとした見守り活動は重要な視点である。しかし、どうしても二〇〇五（平成一七）年の個人情報保護法全面施行に伴い市町村が民生委員をはじめとした地域のマンパワーに情報提出を手控える風潮が広まったことによって、見守り活動の機能が低下していることは否めない」［結城 2012a:12］

そもそも個人情報保護法の目的は、個人情報をもとにその個人に対して何らかの評価・選別を行うことや個人情報を商業利用することへの警戒であり、たんに氏名や電話番号などの個人情報そのものを守ることではない［高木 2019］。しかし現状では、個人情報保護法への「誤解」が、地域社会におけるネットワーク形成のハードルを高くしてしまっているのである。

個人情報がなかなかつかめないなかで、それでも積極的に住民同士の交流の機会を設けようとする思いは、小林さんが団地自治会の役員であることとも関係しているだろう。自治会役員をやっていると、住民からの苦情も耳に入ってくる。たとえば「回覧はまわしてくれるな」というひともいるが、それは「おそらく新しく入居してきたひとだと思う」と小林さんは語る。

新しい住民は一三号棟の集まりにも関心を示さず、また自治会にさえ加入しない傾向があるという。しかしそれでも旧住民と新住民の接点はある。小林さんが現在期待しているのは、学齢期の児童のいる家庭が、小学校（松原小、栄小）でのＰＴＡ活動をきっかけに自治会や団地の行事に関わってくることだ。

小林さんとのインタビューからもわかるように、一三号棟のサークル活動を運営するにあたって生じているいくつかの問題と団地自治会が抱えている問題とは、かなり重なっている部分が多い。小林さん自身も、都内のマンション管理会社に勤めていたこともあり、また松原団地自治会の役員としても活動しているからこそ、戻り入居をした住民のコミュニティ「再」構築の必要性を強く意識することになったのだろう。自治会よりもさらに小さな「住棟」という単位から、団地内の問題解決にアプローチしているのだ。近隣のひとびととともに、この先もここで快適に暮らしていきたいという願いが、こうした活動の動機づけになっていることがわかる。

ところで、小林さんは一三号棟の交流会と同様、新しく入居する人はいるのに、自治会員がなかなか増えていかないことにも頭を悩ませている。

先のアンケート調査では、回答者三二名のうち自治会未加入者は三名であったが、その理由をそれぞれつぎのように記入している。一九六五年にC地区に入居した七〇歳の女性は、「なにも（自治会から）連絡がないのであるのかどうかもわからない」と記し、近隣住民との交流についても「以前から地域とはかかわりをもっていない。今も友人は東京のひと」だと回答している。また、自治会について「今のところ必要を感じていない」と答えた六七歳の女性は、二〇一七年に「終活のため」に新規でコンフォール松原に配偶者とともに入居。近隣住民との関係については「もともと交流は求めていない」という。一九八九年にD地区に入居した住民（年齢、性別不明）も、自治会は「子どももいないので必要ない」という理由で加入していないが、朝のラジオ体操や散歩での顔なじみとの交流はあると回答している。

自治会としては毎月会報を発行し、非会員も含め全世帯の郵便受けに配布。そのほかさまざまな団地内のイベントを企画・運営している。最近では、コンフォール松原エリア内の災害用機材およびＡＥＤの設置場所をまとめた地図を作成し、全戸に配布している。しかし、その活動状況を住民がよく知らなかったり、そもそもそういった活動に関心がない住民もいるのが現状だ。

自治会がＵＲとかけ合い、交渉して「勝ち取った」権利や設備・サービスは数々あるが、そういった自治会の存在意義が広く理解されていないのが現状である。小林さんは「自治会に入っているひとは、自治会の広報などで（こういった自治会がやってきた経緯）がわかるけど、入ってないひとはそういうことを知らない」のだという。

自治会の働きかけや粘り強い交渉によって、勝ち取ってきたことのひとつに、たとえば近年では、コンフォール松原への戻り入居に際しての「住み替え家賃助成制度」と、コンフォール松原の設備の改良・拡充がある。

「住み替え家賃助成制度」とは、低所得や高齢の住民を対象にした制度で、戻り入居をする際に、新しい家賃がそれまでの家賃とほぼ同額になるという制度である。住み替え家賃助成制度はどこの団地にもある一般的な制度ではなく、自治会の強力な働きかけや草加市の協力によって実現した制度であった。ただし、この制度はあくまで期限付きで、経済的に逼迫した年金生活者の不安を完全に取り除いたわけではない。しかし、それでも住み替え家賃助成制度の存在は大きい。小林さんは、自治会の全国組織（全国自治協）が長年URと交渉を積み重ねた結果、「戻り入居の六五歳以上は家賃が半額となっているけど、県内のほかの団地はたいへんなところも」あると、東武スカイツリーライン沿線上の団地名をいくつかあげていた。

ところで、コンフォール松原の設備の改良・拡充について、筆者は戻り入居を終えた何人かの住民から、各部屋の設備が「だんだんグレードアップしている」という不満めいた声を耳にしたことがあった。つまり、同じコンフォール松原のなかでも、初期に戻り入居したひとの部屋には、たとえば「カメラ付きのインターホン」や「床暖房」設備がないのに、最近戻り入居したひとの部屋にはある。台所の設備も使い勝手の良さそうなものに変わっているという。

これについて小林さんは、自治会が住民との会合「建て替えを考える」を月一回行い（一七年間で一七九回）、またURとは月一回二者懇談会を設け（一七年間で一四九回）、住民からの意見・要望をURに提案しつづけてきたからだと説明した。つまり、先に戻り入居をした住民から要望や不満などが出され、それをうけて「自治会とURが幾度となくやりとりをした結果、快適環境になったわけです」。ごく一部の部屋に導入された電磁調理器や、部屋のいたるところに手すりがついていることなども、先に戻り入居したひとたちの声を反映したものだという。

団地自治会をとおして住民の声がすくいあげられていることが周知されておらず、また自治会への加入者や住民サークルへの参加者が増えないといった問題を抱えながらも、小林さんは将来を見すえて、ほかの団体や地域社会とのネットワークづくりを積極的に行っている。

もともと団地自治会は、後述する見守りネットワークや野ばら会との連携も強い。たとえば、年末の餅つきやバザーも両団体と協働し、夏祭り（団地祭り）にも全面的に協力してもらっている。そういった協力関係にはとても感謝していると小林さんは語る。

「(自治会としては) すごくありがたいですよ。(つねにいろいろな人材が待機していて) しかるべきひとに電話一本でお願いできる。自治会ではすべて対応できないから」

さらに自治会がネットワークをひろげていくにあたっては、地域の商店主たちとのつながりと協力もあった。小林さんによれば、旧松原団地C地区の商店街にかつて出店していた「肉の日山[*5]の店長さんが、松原小の元PTA会長で、そのPTAネットワークに声をかけてくれた」ことが、ネットワーク拡大のきっかけになったという。

さらに二〇一七年頃からは、コンフォール松原だけでなく、近隣の小学校や民間の分譲マンションの理事会ともつながりができつつある。たとえば、二〇一八年の夏祭り（団地祭り）では、栄小学校で打ち上げ花火をする予定で、そのために栄小と松原小のPTA、分譲マンションのシティテラスの理事長・副理事長も「建替え記念パーティー[*6]に呼んで、声をかけて、（花火の）音や煙に関して（大きな問題が起こらないように）協力をお願いして、今までよりお付き合いする範囲が広がってきたと思うんですね」

ただ、シティテラスの管理組合は一年任期制のため、今後も「なにかしらのお付き合いを考えていかないと」継続はできないので、目下、いろいろと考えをめぐらしているところだという。

自治会役員として、一三号棟の一住民として、そして、松原団地を愛する一市民として、さまざまな交渉や話し合いを続け、ネットワークをつくりあげてきた小林さんの言葉が印象に残る。

「だからね、死ぬまではここに住まわせろ、というのが住民の願いですね」

2 松原団地見守りネットワーク

松原団地見守りネットワークは、埼玉県の補助金を受けて二〇一一年四月に設立された団体で、家事や買い物などの手助けを必要とする団地住民を対象に、掃除、買い物代行、電球の付

写真 4-1　松原団地見守りネットワークの事務所

替え、ゴミ出し、電話による安否確認などの生活自立支援サービスを一時間六〇〇円で提供している。その他、喫茶サロンの運営、見守り専用電話の設置といった活動も続けてきた。

発足当初、スタッフは松原団地内に住む六〇〜七〇歳代の有志で、元会社員や時間に余裕のできた主婦などが中心であった。月、水、金の週三回の活動日には、スタッフは事務所で待機し、利用者からの依頼の電話がかかってきたら対応する、という仕組みだ。待機時間はスタッフへの賃金は発生せず、依頼ごとに数百円が謝礼としてスタッフに支払われる。

二〇一一年一〇月に、松原団地のD地区商店街に事務所を開設、団地建替え後（二〇一八年一一月二〇日現在）はコンフォール松原二二号棟一階の集会所に活動拠点を移して活動を続けている（写真4－1）。

二〇一二年にNPO法人となって以降、松原団地自治会をはじめ、草加市やUR都市機構、松原・草加東部地域包括支援センター、松原地区民生委員・児童委員協議会、松原地区社会福祉協議会、獨協大学地域と子どもリーガルサービスセンターなどとの協力関係を築きながら、松原団地を「安心安全で暮らしやすい地域にする」ことをめざして活動している。

初代の理事長であった布施郡二さんによれば、NPO法人になる際には、隣接する獨協大学法科大学院の学生がボランティアで細かい書類作成業務などを手伝ってくれて「とても助かった」という。また、団地自治会の広報にも見守りネットワークのお知らせを出しているが、「自治会がなければここはやっていけない」ほどに、見守りネットワーク立ち上げ当初から団地自治会とは強い協力関係にあるという。

このほか、見守り活動のなかで利用者に関する異変を感じたり、利用者からなんらかのニーズが出てきたりしたら、すぐにしかるべきところと連携して対応できるようにしている。このように、見守りネットワークは団地内の団体ではあるものの、その周辺の組織や市役所、団地外のひとびととの協力関係を築きながら、支援活動を行っている。

布施さんは、大学進学を機に新潟県三条市から上京し、商社に就職。当時、倍率が高く入居が難しかった松原団地の2DKに当選した。「サラリーマン時代は東京・新橋まで通勤し、寝るために帰るだけ」で、地域とのつながりも「ほとんどなかった」が、会社を定年退職後、地域のシルバー人材センターや民生委員の仕事を経て、地域と関わる大切さを実感し、「地域ぐるみで高齢者を支える」ことを原点として、見守りネットワークを結成したという（『東京新聞』（埼玉中央版）二〇一二年五月二八日）。とくに二〇一一年九月、松原団地内の一室で八〇歳の男性が死後一年近く経って発見された出来事は「大きなショック」で、「これはなんとかしなきゃいけないと」と思ったと回顧している（『東京新聞』（埼玉中央版）二〇一四年五月六日）。

二〇一二年の最初の調査から六年後の二〇一八年一二月、見守りネットワークを再び訪ねた。事務局長の信坂勝雄さんがインタビューに応じてくれた。団地内に居住する信坂さんは、前理事長であり四〇年来の友人でもあった布施さんが亡くなった後、事務局長となった。「七〇歳の定年まで勤める予定」だったが、六五歳で仕事を辞めて見守りネットワークの仕事に専念しているという。

現在、見守り活動スタッフとして登録している会員は三六名だが、実働できる人はそのうち一二名で、団地外に住んでいるひとも多く「お友達つながりで来てくれている」ひともいる。団地内だけではスタッフが集まらないため、あらゆる人脈をたよりになんとか運営しているが、スタッフの慢性的な不足に加え、二〇一八年四月から介護保険制度が変わったことで、利用登録者数が急増し、対応が難しくなってきている。制度の改正によって市から経済的支援を受けられるようになり、事務所の家賃三万円のうち二割程度が軽減されるようになったが、利用希望者が大幅に増えたため登録・利用の条件は「団地内限定」とせざるをえない。現在は登録者だけで四三〇人おり、少ないスタッフではとても「手がまわらない」のだという。

もともとは、若い母親などを対象にした育児支援も視野に入れてはいたが、実際、利用者のほとんどは高齢者（六〇代から八〇代ぐらい）で、年々増加傾向にある。要支援一、二の利用者（地域包括支援センターのケアマネージャーから紹介されて登録・利用）は、保険が適応されないような支援の依頼、たとえば通院の付添い、掃除、家具の移動といった依頼が多い。とくに年末にかけて多くなる傾向がある。

最近の利用者の特徴としては、戻り入居による「引越し疲れ」が目立っているという。D地区から戻り入居後、数カ月経過しても、お風呂の湯沸かし機器の使い方や設定がわからず、いまだに近くの公衆浴場（スーパー銭湯）に通っているという高齢の住民がいたり、床暖房の設定の仕方がわからないという相談もくる。

「何回教えても、なかなか覚えられないというケースも多い」のだという。「新しいから快適は快適」だが、新しい設備がそれまで使っていたものと違い、たとえばキッチンの流し台の位置が「将来を考えて、若い人向けに作られている」ためかやや高く、高齢者の身体には負担がかかるのだろう、と信坂さんは説明する。信坂さん自身は、職業柄「機械にくわしい」ため新しい機器に不自由はしていないが、住替えを経験しているため、見守りネットワークの支援を利用する側の気持ち・状況がよくわかるのだろう。

見守りネットワークの事務所の一角にはテーブルと椅子が置かれ、コミュニティ・カフェとしても機能している。そこではコーヒー一杯一〇〇円で、おしゃべりする場が提供されている。筆者が訪ねた日は、男性二人が座っていたが、スタッフによると「多いときは一〇~二〇人ぐらいがひしめき合っている」状態だそうだ。見守りネットワークの前をよく通るという住民は、日によっては、寒くても外のテラス席にひとがたくさん座っていたりするのだと教えてくれた。

最近では、団地の別棟の集会所を使って麻雀サークルもやっているが、メンバーは徐々に増えていて、現在三〇人ほどが参加。「前は四卓だったけど今は六卓」用意しているのだという。

このような見守りネットワークの取り組みは、いくつかの新聞にも大きく取り上げられ[*7]、信坂さんには講演依頼などもあり、全国的に注目されている。ただ、先にも述べたように、利用者の急増やスタッフの確保の難しさなど、解決しなくてはならない問題もある。二カ月に一回、広報「見守りネットワークだより」を、スタッフで手分けして団地の全戸にポスティングしているものの、スタッフとして協力を申し出てくれる人はなかなか増えていかない。

信坂さんは、獨協大学の学生がボランティアとして関わってくることに期待を寄せる。「(男女問わず)若い学生さんからお茶を出してもらうだけで(利用者は)嬉しいでしょう。息子が来た、娘が来たって、みんな大騒ぎですよ!」と、笑顔で語っていた。

3　野ばら会

野ばら会のはじまり

松原団地に入居が開始された一〇年後に発足したボランティア団体がある。団地に住む主婦たちが「野ばら会」を立ち上げたのは一九七二年。松原団地への転入者数がピークに達する直前のことである。現在も活動中の地域ボランティアの会としては、おそらく野ばら会が最年長であろう。

「荒野で強く可憐に咲く花によせて」名づけられた野ばら会は、松原団地でその名の由来のとおり強く可憐に四〇年以上にわたって咲きつづけてきた。その根元は、しなやかな発想と生活をみずから楽しもうとする行動力がしっかりと支えている。立ち上げメンバーのひとりである小堀弓里子さん（故人）は、同会の三〇周年記念の文集に、同会を始めたきっかけをつぎのように綴っている。

「三十年前「何かをしよう」と山本さん（山本洋子さん、筆者注）と話し合い　赤子をつれてのトライでした

松原団地は戸数六千世帯のマンモス団地　通勤に便利　お隣さんも知らない人　残る家族は
白い壁の中　気楽に話し合う場所がほしい…がはじまりでした。
主婦のできる事を模索し　団地の集会所を借りました[*8]」

野ばら会は二〇〇七年、高齢者が「ふらっと立ち寄っておしゃべりができる場所」をつくろうと、「ふれあい喫茶　お休み処」（以下、ふれあい喫茶）を始めた。二〇一六年一二月に、喫茶はいったん休止することになったが、二〇一八年に団地の外に場所を変えて活動を再開した。

このふれあい喫茶の休止期間中、これまでの野ばら会の歩み、休止に至った経緯、そして今後の活動予定など、野ばら会の立ち上げから関わる代表者のひとり、山本洋子さんにお話を聞いた[*9]。

岡村圭子（以下、岡村）　野ばら会のこれまでの歩みとふれあい喫茶についてお話をお聞かせください。お写真を持ってきてくださいましたね。

山本洋子（以下、山本）　この写真（写真4－2①）は野ばら会の五～六人で集会所に集まっておむつを縫っているところです。キューピー（人形の服）もつくっていました。野ばら会をはじめたのは一九七二年。ふれあい喫茶は二〇〇七年頃だと思います。

岡村　四〇周年のお祝いのイベントが二〇一二年一〇月一三日にありました。おめでとうございます。私もうかがいましたが、歴代の市長さんたちはじめ、役所の方や地元の議員さんなど、たくさんの方がお祝いに駆けつけていらしてとても驚きました。

山本　市長、前市長、前々市長、県会議員さんとか一〇人近くそういった方が来ていましたね。（野ばら会に）関わったひとみんなにご案内を出したら全員来てくれた。ちょっと挨拶したら帰っちゃうというパターンが多いけど、会の最後までいてくれました。

岡村　それはなぜでしょうか？

山本　知りません（笑）。

岡村　票田とか？

山本　票田は、うちはまったく関係ないです。会のなかで謳っていますから。だれかの後援会でもないし、そもそもうちは政治・経済の話はご法度なんです。（政治関係の話をだれかがしていると）「やめてください」とはっきり言う。みんな選挙が近くなったりすると、あの人がどうのこうのって話が出るんだけど、うちではそれは話さないでくださいって。（喫茶の）壁に書いて貼っています。

岡村　徹底していますね。山本さんは野ばら会のほかにもいろいろ立ち上げてらっしゃいますね。

写真 4-2 ①　集会所で野ばら会のおむつ縫い（2006 年頃）

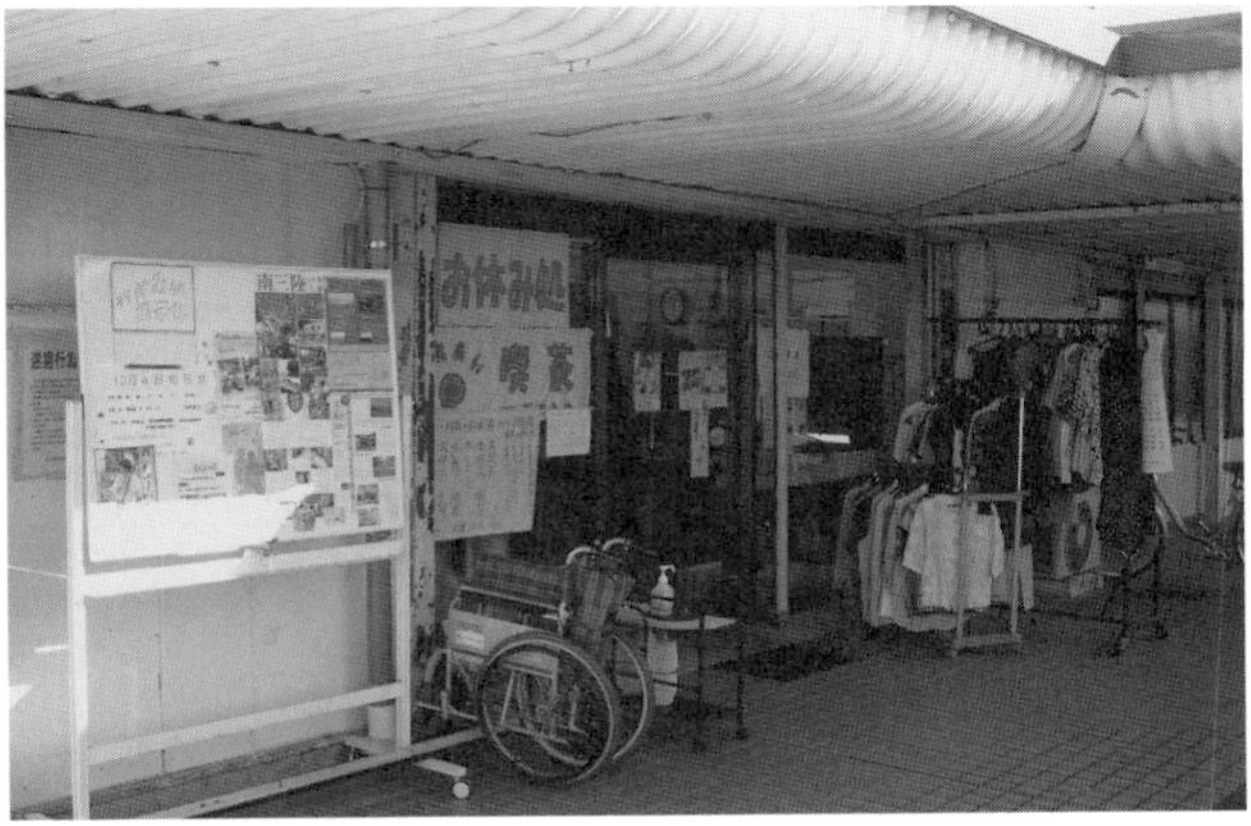

写真 4-2 ②　ふれあい喫茶　お休み処（2014 年、朝日新聞社提供）

山本　「松原剣道」も（野ばら会と）同じ年に立ち上げているんですよ。私、初代会長（笑）。

岡村　活動的ですね。松原剣道と同じように野ばら会も政治的なところとは一定の距離を保ちながらも、役所とはうまく連携をしているのでしょうか。

山本　そうですね。たぶん野ばら会の存在が地域で認めてもらっているのかな、と思うんですけど。草加市役所の方にも、あれこれ協力していただいています。

岡村　草加市の職員の方、本当に熱心に草加市民の生活について考えていますね。つい先日も市内の、いわゆる「ごみ屋敷」を職員の方と一緒に視察してきたところです。

山本　私も一軒、そういうところへ行ったことがある。

岡村　それは「野ばら会」の活動とは別にですか？

山本　別です。私、「見守りネットワーク」や「さわやか　たすけあい　草加」にも関わっていたので、〝ちょっと困った人がいるんだけど、様子を見てきてくれない〟と言われて行った。「さわやか」はチケット制の有料のボランティアなんです。今、その活動は介護保険の対象者に比重が行っているんですけど、もともとは介護保険の対象にならない方とか、保険制度になかなかひっかからない方たちのところにお手伝いに行きましょうっていうところから始めました。だから活動のひとつとしては子育て支援もあって、小学生の子どもの面倒もみました。お母さんがちょっと具合悪くて子どもをみられないということで、お掃除を手伝いに行ったりとか。

「さわやか」は、今、佐藤良子さんという私たちの後輩の方がやっているんですけど、介護保険が始まる前から私ともう一人で立ち上げました。本当にどこにも頼めない、頼る人がいない、たとえばどこか遠くから嫁いで子どもが産まれたけど親にみてもらえない、子どもが泣きやまない、どうしよう、みたいな人を、じゃ、ちょっと行って手助けしてあげましょう、お話相手になってあげればいいかなという感じで。本当に普通の主婦の集まりで、資格もなにももたない人たちで集まって始めたものなんです。

それが今も続いていまして、介護保険が始まったときにどうしようかって言ったら、やっぱり介護保険に移る人もいて。でもやっぱり「さわやか」を利用したいので利用できるようにてほしいという声があって、NPOの資格をとったんです。今は、谷塚でやっています。

岡村　山本さんは「見守りネットワーク」にも関わっていらっしゃるんですね。

山本　その前に草加市でパイロット事業ケアというのが埼玉県の委嘱であったんです。それも頼まれて、一人暮らしの方のご自宅を訪問しました。そういうのがきっかけでした。「さわやか」もできたし、あと「こだま」という認知症のケアをしている団体がありますね。あそこも立ち上げたんです。

岡村　ボランティア団体の立ち上げ専門家ですね。ノウハウみたいなものがあるのですか？

山本　ノウハウというか、何人かに声かけして四、五人集まって、こういうのをやりたいね、やりましょうかって簡単な理由です。それで必要なことは何か？から始まって。でも一人じゃできませんよね。仲間が数人いれば、会計の得意な人がいたり、パソコンが得意な人がいたり。ずいぶん（ボランティア団体を）つくりましたよ。それで最初から最後まで変わらないのが野ばら会と松原剣道。今も、まだ松原剣道は顧問なんです。何もしない顧問なんだけど大会だけは顔を出します。

岡村　山本さんご自身、剣道は。

山本　やりません（笑）。息子がやってたの。息子の友達のお母さんたち五、六人集まって、子どもたちに剣道をやらせたいけど、その頃何にもなかったのね。集会所でやっていたら、竹刀を振るから危ないと言われて使えなくなっちゃった。それでどこかないかっていろいろ探して、学校の体育館を使える許可をとりに市役所の体育課へ行ったんです。そこから市役所との連携が始まって、つぎは先生がだれかいないかしらと探していて、南先生[*10]をつかまえたというわけです。

居場所を求める高齢の団地住民

岡村　ところで、二〇一五月五日付の『朝日新聞』(埼玉版)で「高齢者憩いの場　建物老朽化で撤退」という記事が掲載されました。野ばら会のふれあい喫茶の閉鎖を、私はその報道で知りました。

山本　野ばら会自体は活動を止めていませんし、これからもやりますが、ふれあい喫茶は少しのあいだお休み。野ばら会の継続を、これからどこでやっていくかというのが問題です。

岡村　今(二〇一六年三月時点で)活動拠点にしているC地区の商店街[*11]とは違うんですか。

山本　違います。最初は集会所のなかで活動していて、喫茶をやりたいという話になったときに、たまたま(草加市の)産業振興課が商店街を活性化したいということで、シャッターをなるべくあけようという動きがあって、それで「貸してください」ということで。その後二年間ぐらいで支援が終わり、(家賃補助がなくなり)継続をどうしようかと。それで(ふれあい喫茶の趣旨から考えて)長寿支援課とか介護保険課に支援をお願いするようになって、家賃補助はそのまま続き、二〇一五年一二月まで助成金が出ていました。

岡村　今回、喫茶をお休みするというのは、団地の建替えが理由ですか。

山本　(二〇一六年)六月まではあの場所は使えるんですけども、市役所から(二〇一五年)一二月でおしまいにしてくださいということで。それまで八年間、助成金をいただいてやってきて、ずっと頼りっ放しというのも好きじゃないし。（二〇一五年）一二月までの草加市からの助成金といっても、ほんとうに家賃分だけでした。光熱費とかお茶、コーヒー代は全部自前です。それでもう一二月で助成金をいただくのは終わりにしましょうという話になったんです。

今ふれあい喫茶をやっているC地区の商店街は、まだ壊していないから使えるんですが、そうすると今度は自前で家賃を全額払わなければならないので、せいぜい一万円ぐらいで貸してもらえませんかって、そうすればあと六カ月間家賃を払いますって、URと交渉したんです。URの担当者は、個人的には家賃ゼロでもいいと思ってくださったようだけど、やっぱり規約をURが破るわけにはいかないので、ということだったんです。

商店街の店舗の家賃は、通常は月八万ぐらいですが、それを四万ぐらいにしてもらって、最後の二年間ぐらいは二万ぐらいにしてもらって、かなりURも援助して協力してくれました。野ばら会は、ほとんど利益をあげていないし商店とは違うという理由で、それまでと同様の額で（月二万四〇〇〇円前後）借りられました。ただ、それでも運営は厳しいです。バザーの収入では不安定ですから。だからそこまでして（喫茶を）やる必要があるかどうか、とみんなで相談して、じゃあ、お休みにしましょうということになったんです。

岡村　団地の集会所は使っていないのですか。

山本　使っていません。新しいほうの、駅の近くの集会所をこれから借りようかなと考えていますが、もちろん有料ですよ。月に二回ぐらい借りて（喫茶を）やろうかなと考えています。今年二月か三月ぐらいから。みなさんやっぱり集まるところがないとさびしいっていうの。会員さんも利用者さんもみんな寂しいわって。この前（松原団地）駅前を通ったら、日の当たるところのベンチにずらっと座っているひとたちがいて、その前を通ったら「山本さん！」と言うから、ふっと見たらみんなうち（ふれあい喫茶）へ来ていた方。「ここ暖かいし行くところがない」とか言って（笑）。

岡村　それは山本さんとしては、どうにかしなきゃと思っちゃいますよね。

山本　そう。近くのひとに聞いたら、毎日あそこ（喫茶店の前のベンチ）に一〇時ぐらいから昼ぐらいまでいるのよって。それで寒くなってくると、ちょこっとコーヒーショップ[*12]に入るらしいのね。それでコーヒー一杯ぐらい飲んで一時間ぐらい粘って帰るみたい。

　だから一二月の初め頃から、ふれあい喫茶が終わったらどこ行こうってみんな寄ると触るとそんな話。コーヒーショップもいいけれど何時間もいられないし、コーヒー一杯で粘れないしって言ってた。普通の喫茶店はコーヒー代だって高いでしょう。ふれあい喫茶で出しているように、コーヒー一杯一〇〇円というわけにいかないですから。

岡村　ふれあい喫茶をオープンしたのは、やはり団地の高齢者の要望がかなりあったからでしょうか。それとも、野ばら会のほうがアイディアを出して、という感じですか?

山本　ちょうどうちの会員さんたちが八〇歳を越して高齢になってくると、目も悪くなるし足も悪くなる。ボランティアをするといっても、今度は自分たちがボランティアを「してもらう側」のような年齢になってきて、針に糸も通らないわって。それで野ばら会設立メンバーのひとりの小堀さんが、そういう人たちが週に一回集まってお茶飲む場所があってもいいんじゃないという話をしていました。そのときに、タイミングよく社会福祉協議会が「いきいきサロン」というのを立ち上げるという話が出たんです。それで、じゃ、やりましょうかということになって、最初は週一回だったのをもっと増やそうという話になって。

助成金をもらうには、週五日以上はやらないといけないし、時間帯も一〇時から四時とか決まりがあって。だから週五日、日曜・木曜・祝日除いて毎日、ふれあい喫茶をやっていたんです。スタッフも喫茶を専門に切り盛りしてくれるひとたちを三、四人ぐらい増やしたかな。今までの会員さんとは別に「新しくこういうのをやりますけど」って募集して四名ぐらい入ってもらって、今までの会員とあわせて一〇人ぐらいでローテーションを組んで、毎日二人ずつぐらい入れるようにして。だから一人が週二回ぐらいは出ていたのかな。そういうことで喫茶が始まったんです。

岡村　機運というかタイミングも重要ですね。

山本　そう。私、どういうわけかそういうタイミング、タイミングに乗るのね。スポーツ少年団（松原剣道）をつくるときもそうだったの。東京オリンピックが終わって、青少年育成条例が始まって、各地で少年団をつくりましょうというときに松原剣道が立ち上がった。（松原剣道の場合は）学校の体育館とかすぐ借りられるような形で、役所も応援してくれて。ふれあい喫茶もそうなんです。社協（社会福祉協議会）がそういう事業を始めたいという、ちょうどそのタイミングに乗ったんです。

岡村　社協のいろいろなサポートもあったということですか。

山本　（「ふれあい喫茶」は）社協の傘下なんです。社協が、喫茶を立ち上げた最初の年に限って、たとえば道具などをそろえなきゃならないので、三万円かな、補助金を出してくれた。今、草加地区のあちこちに同じような喫茶ができているんです。月二回とか、多くて週一回。今はずいぶん増えましたけど、最初は本当にうちと谷塚のほうと二、三軒ぐらいで。そういった喫茶を立ち上げる前に、どんなふうにやるんですかとか、みなさんうちに見学に来ました。

岡村　草加市内では先駆けだったんですね。でも、なにがなんでもやるぞ、といった気負いは感じません。

山本　私、無理には絶対やらない人なの。自分もみんなも楽しくなきゃ、っていうのが一番。それで何しようか、と。野ばら会が最初にやっていた布おむつの製作もそうなんです。ただお茶を飲んでいないで、みんなで集まって何か楽しいことしようかっていうのが始まりで。すべてそれが原点。私は楽しくないとやりたくないので、おむつを縫うにしてもノルマはないし、何時から何時まで野ばら会に来なくちゃいけないとかも一切なし。来られる時間に来て、帰りたければ早く帰ってもいいし、遅く来てもいいし、一枚でもいいし、縫わなくてもいいし、というかたちね。そうしたらみんな一所懸命（おむつを）縫うんですよ。活動を夏休みにしたら「私三〇枚預かっていきます」って自宅に持って帰って縫ってくる会員さんもいて。別に私、ぜんぜん強制していないのに（笑）。

岡村　その緩やかさみたいなものが野ばら会らしさであり、続いている秘訣なのでしょうか。

山本　かもしれない。だからある会員さんに言わせると、「山本さんに言うと何でも、いいよ、いいよって、それがいいのよ」と。何か新しいこと始めるときに「(代表の山本さんに)聞かなきゃだめじゃない」とほかのひとが助言すると、「大丈夫よ、山本さんだったら必ずいいよって言うに決まっているんだから」って（笑）。でも私、別に自分がそんなに権威もないし。なんだけども、私がいるときと、いないときで雰囲気が違うみたいことがあるみたい。

岡村　それはどう違うんですか。

山本　何か内輪もめしたなんて話を後から聞くのね。だけど、私がいるときはそういうの一切ないの。利用者さんもすごく柔和にみんなでおしゃべりして。喫茶をやる前、もう亡くなった方ですけど、「大きいママと小さいママ以外の人の言うことは、私は聞かない！」っていうひとがいたの。

岡村　つまり大きいママの小堀さんと小さいママの山本さんの言うことは聞くわけですね(笑)。

山本　そうそう。どちらかというと、小堀さんのほうはすごく積極的なんです。だから喫茶を始めようと言ったのも、回数を増やそうと言ったのも小堀さん。彼女は思い立ったら即行動なのね。それで何か話していても「だれだれさん、どうしてるかね」と言うと「すぐ電話して聞いてみよう」みたいな感じね。今しなくてもいい、って私は止めるほう。だから、大きいママと小さいママ「いい両輪だね」ってみんなに言われていたんです。今のところその大きいママが病気療養中なんだけども。

両親と過ごしたベトナムでの日々

岡村　山本さんはずいぶん寛容ですね。

山本　全部自分で抱えるわけにはいかないでしょう。一人ひとりこういう方向でやりたいという思いとか、コーヒーのいれ方とか、お茶のいれ方とか、それぞれ流儀があるんですよ。それを私が統一することはない。その日の当番のひとが、自分のいれたいようにやっていればいい。上手なひともいればそうでないひともいる。それはしようがない。そのひとの個性で。あなたのやりたいようにやってくださいと。その日は全部その方におまかせ。私も行ったら何もしないで、ただお茶を飲んでいるだけ。

岡村　せっかく一所懸命やっているのに、ああしろ、こうしろと言われたのでは、ちょっとカチンときますものね。

山本　私はこうやりたいのに、そうやっちゃだめとかね。でも仲間同士で結構それもあるんです。だから私が「いいのよ」って。「その日はその人のやり方でお願いしなさい」って。やっぱりなかには自分の流儀を押しつけたい人もいるわけ。だけど、それをやっちゃうと、「じゃ、私、やめるわ」ってなっちゃいますでしょう。これがお給料をもらっているのであれば別だけど、ボランティアというのはそういうのじゃないから。

岡村　そこはやっぱりリーダーとしての懐の深さでしょうか。

山本　私、面倒くさいのは嫌いなの。だから、なにかが得意なひともあれば、そのひとにおまかせして全部自分で背負い込まない。だって背負い込んじゃったらやり切れないもの。

岡村　山本さんはずっと専業主婦だったのですか？

山本　そうです。でも専業主婦といっても、（獨協大学の）図書館でアルバイトしたりとか、NHKの海外向けの日本語教室も四、五年やったのかな。もう亡くなった方ですが、知り合いの大学の先生が海外向けの日本語教室「やさしい日本語」という講座の担当になって、たまたま私が向こうにいたということもあって、手伝ってと言われて。

岡村　「向こう」というのは？

山本　私、ベトナムにいたんです。子どもの頃、小学校二年生くらいから二五年ぐらいいました。それで、ベトナムの日本人駐在員の方と結婚して（日本に）帰ってきたの。

岡村　ご両親のお仕事の関係でベトナムに？

山本　そうです。うちの父がひとを呼ぶのが大好きで、ひとが来ると食事の用意がなくてもあっても「食べていけ、食べていけ」って。「ご飯だから食べていけ」って、だれかれ構わず。そういうのが私は本当は嫌だった。せっかくこれから家族だけでご飯を食べようというときに、知らないひとがどたどた入ってきて。「たまには家族だけでご飯食べたい」って、すねたときもあったんだけど、でもたぶんそうした家庭環境が今のボランティア活動のやり方にも影響しているのでしょうね。だからだれが来ても別に気にしない。でも母はいつも苦労していましたね。自分はご飯を食べないで、その分をお客さんに出したりとか。

岡村　食料の調達がたいへんだったのですか？

山本　いや、当時のベトナムでは日本みたいな統制とかはないから、そういうのは大丈夫なんだけど、普通は人数分しか用意しないでしょ。それがいきなり二人も三人も増えちゃって。でも急につくれないから、ちょっとずつ削って、みたいな。

岡村　日本では家の内と外の境界ははっきりしているし、そもそもお呼ばれしていないのに、ふつう夕飯時にはお邪魔しないです（笑）。

山本　だいたい行きませんよね、そんな、ひとのうちのご飯の時間に（笑）。

岡村　その幼少期の体験が山本さんの活動の根底にあるのでしょうか。

山本　あるのかな。影響しているのでしょうね、たぶん。その頃は戦時中だったから、うちに来るのはほとんど兵隊さんなんです。でもうちの父に言わせると、若い兵隊さんが故郷を離れて外地へ来てたいへんな思いをしているんだから、うちへ来たときぐらいは自由にさせてあげようというのが主義だった。将校さんには見向きもしないの。将校は偉いから、いっぱい給料をもらっているんだから、見てやることない、自分で勝手に食べろって（笑）。将校さんでもなければ外出もままならないわけでしょ。だから、お休みのときに兵隊さんがうちに遊びに来るわけです。そうすると「兵隊さんは大事にしてやらなきゃ」と。

岡村　お父様は帰国後もベトナムとのつながりをもちつづけてらっしゃったのですか？

山本　父は自費出版でベトナムの独立とかファン・ボイ・チャウについての本[*13]も出版したんですよ。

岡村　山本さんご自身は、現地の日本語学校に行ってらしたのですか。

山本　現地に日本語学校があったけど終戦でなくなって、あちこちさまよっていたのだけど、そのうちフランスが運営しているベトナム・フランセーズ・アソシエーションという文化センターの教室に入って、そこでフランス語とベトナム語を学びました。家庭では日本語です。うちの母は日本語しかしゃべれない。父は英語とフランス語ができるから、日本に帰国するまでベトナムで通訳の仕事などをしていました。

岡村　山本さんはご結婚を機に日本に帰国されて、そのときお父様とお母様は？

山本　つぎの年に一緒に帰ってきました。話すと長くなるんですけど、とにかく終戦では帰らなかったの。そのまま向こうにとどまって。それで、第二次大戦が終わって、ベトナム戦争も終わって、平和になって、日本の駐在員たちがいっぱい来るようになって、そこで私は日本商社でお勤めして、初めは通訳みたいなかたちでベトナム語と日本語を使って仕事をしていました。ベトナム語はもうほとんど忘れちゃいましたけど。でも聞けばわかるし、なんとか通じる。

岡村　帰国直後は、日本が「異国の地」のように思えませんでしたか？

山本　帰ってきたときは本当に右も左も、お金の計算もわからなくて。三鷹に住んでいる叔母がずいぶん助けてくれました。

岡村　すぐに松原団地に入居なさったわけではなかったのですか？

山本　ベトナムから子どもを抱えて帰ってきても、東京に頼る人がいなくて。両親がまだ日本に帰っていなかったから。主人は広島の人なので、関東には親戚などがだれもいないんです。結局、三鷹にいた叔母を頼って近辺にアパートを見つけました。最初の頃は叔母が一所懸命通ってきてくれました。私、銭湯に入れない。慣れてなくて。子どものときから内風呂だったから、銭湯って一回か二回ぐらいしか行ったことがなかったんです。ましてや子ども連れでしょ。

岡村　お子さんはベトナムで出産されたのですか？

山本　そうです、長男は。叔母が日参してくれて、お風呂や買い物につねにつき合ってくれて、いろいろ面倒をみてくれました。買い物行っても、安いんだか、高いんだかぜんぜんわからないし。それにアパートはお風呂がないから銭湯へ行かなきゃならないんだけど、子どもがいるから、お湯がきれいな早い時間の三時ぐらいに行こうっていうことで、二人で乳母車を押して近くの銭湯へ行って。そこには子どもをみてくれる若い女の子がいたんです。ほかもそうなのかわからないけど。子どもを連れて入って洗いますよね。そうすると、脱衣場で子どもを受け取ってくれて、ちゃんと着替えやおむつ替えしてくれて。湯冷ましを飲ませてくれて「はい、どうぞ」って子どもを渡してくれるの。

そのうち私一人でも銭湯や買い物に行けるようになって。でも、アパートのキッチンのガスが怖くてつけられなくて。ほら、マッチをすってシュッてやってボッと着火するやつ。だから最初は、主人が会社帰りに買い物して帰ってくるのを待ってガスつけて、みたいな感じでした。

岡村　三鷹近辺での生活が何年かあって、松原団地に引っ越していらした。

山本　松原団地に申し込んだら、三回目で当選しました。すごく運が良かった。とにかく回数を積み重ねなきゃ入れないから、とにかく申し込みましょうと。それで理由をいろいろ書いた。ベトナムから引き揚げてきたとか、子どもが産まれたとか、産まれそうだとか、親もいますとかって。一番広い3DKが当たったんです。

岡村　なかなか抽選に当たらないし、収入がある程度ないと入居できなかったと聞きますが。

山本　そう、収入で決まるでしょ。あと人数と。

岡村　それからずっと建替えまで松原団地に？

山本　いえ、建替えまでじゃなくて、団地から現在の住所に引っ越して三三年経ちました。でも、今住んでいるところの町内会のひとたちには「山本さんはずっと（松原）団地のほうに顔が向いてる」って言われています（笑）。

これからの活動

岡村　山本さんはじめ、小堀さんや小日向さんは一九六〇年代半ばに松原団地に入居されたとお聞きしていますが、野ばら会のメンバーは、みなさん長く（松原団地に）居住されているのですか？

山本　そうですね。一九六四年に私がC地区に入って、小堀さんはD地区だからその後。だから一九六六、六七年頃かな。野ばら会の会員のなかには、高齢者施設に入った方、亡くなった方、それから家族や娘さんのところへ行ったとか、そういう方が一〇人ぐらいもいますかね。具合悪くなってやめたり。だから、今、一番最初からいて、一応元気で仕切っているのは私だけ。あとはもう一〇年、二〇年、後輩です。現在の会員は、団地居住一〇年目の方が一人か二人かな。

岡村　松原団地は建替えが進んでいますが、ずっと見てきて、これからどうなってほしいとか、そういったことはありますか？

山本　とくにどうなってって私が言えるような立場でもないんだけども、私が気になるのは、ふれあい喫茶に来ていた方たちの居場所がなくなってしまったこと。ふれあい喫茶の常連さんたちに、月に一回でいいからそれぞれのおうちで一時間でも二時間でも持ち寄りでお茶会開いたら、と説得するんだけどだめなの。なかにはそういう地域のつながりをやっている方もいらっしゃるみたいなのね。

団地の棟ごと、階ごとにまとめる人がいればできるんだけども、まとめ役はやりたくない、でも参加はしたい。どこかでやってくれれば行きたい、でも自分のうちには入れたくないという感じ。何だろう、年齢の関係もあるのかしら。何年もふれあい喫茶に来ている常連さんで、「あの人最近みないけど具合でも悪いのかしら」って電話をかけたり何かするような間柄になって、旅行とかも誘い合って行っているらしいんですよ。私たちはノータッチなんだけど。だからそれだったらば、そういう人たちがだれか一人が音頭をとって、じゃ、つぎの会はあなたのおうち、つぎはあなた、というふうに回していけば、一年に一回やったってみんなが集まれるんじゃないって、この前言ったんです。

岡村　自宅に他人を入れるっていうのに抵抗があるのかもしれませんね。

山本　うちなんかみんなオープンなの。団地にいたときは、うち、たまり場でしたよ。
岡村　多くの人は、やっぱり自分の家には入れたくないと。片づけとかもあるし。
山本　そうそう、きれいにしなきゃって思うんですよね、みなさん。
岡村　ところで、さきほどの新聞記事にもありましたが、山本さんは認知症の患者さんとそのご家族が集える喫茶をやりたいとおっしゃっていましたね。そのお話を聞かせていただけませんか?
山本　いままでずっと喫茶をやっていて、最初はどんな人が集まるかわからなくて開いたわけです。そしたらだんだん常連さんができてきて。一〇人ぐらい。でも、私たちから見れば、その方たちは自分一人で生活できる方。病気は年だからそれなりにあるんでしょうけども。だけど本当に困っているのは、認知症の家族を抱えているひと。
　患者本人はあちこちデイサービスへ行ったり訪問介護が来たりしてもらえても、介護する人の支援というのはなかなかないんです。相談に行くところはあっても、介護しているひと自身がお茶飲みできるっていうところがほとんどない。それに、認知症の家族を連れていく場所がないというか。普通のところにはちょっと行きにくい、行きたくない、患者である家族を見せたくないということもあるでしょ。野ばら会はだれでもいいよ、っていうので、障がいのある子も来ていたし、認知症の奥さんを連れて旦那さんがお茶飲みに来たりしていました。

その方、マジックをやる方だったので、何かイベントがあったときに「マジックをやって。奥さんも一緒に連れてくればいいんだから」とお願いしたの。旦那さんがマジックをやっている間、奥さんはそばに座って。旦那さんがいるとすごく安心しているようでした。だから「いつでも来て」とその旦那さんに言うと、ふらっとときどき散歩の途中に寄ってくれました。だけどほかの喫茶店とかは、奥さんを連れて入れるところはあまりないようでした。

岡村　チェーン店のカフェとかへ連れていくと何かトラブルになるのでしょうか。

山本　大きなトラブルはないんでしょうけども、やっぱり入りづらいかなと。だから、そういう人たちが家族と一緒に、認知症の奥さんや旦那さんを一緒に連れて気楽に来られるところ。同じ仲間だと割と打ち解けやすいんですよね。「お宅どう、うち、こんなよ」っていう話ができるけど、認知症を知らない人に話しても通じないですね。かえって「えっ、そんなことあるの」みたいな変な目で見られるということもあるので。

だから、そういうところが一カ所あってもいいかなと私は思った。それでそのことを新聞の取材のときに話して、記事が出たら、うちの会員さんが「えっ、山本さん、認知症の人、預かるところをやるの」って言うから「やらない、まだやらないよ」って言って

（笑）。

岡村　さっそく大きな期待がかけられているんですね。

山本　そう、だから、それは私が個人的にそう思っていることであって、「今すぐやるなんて言っていないよ」と言ったら、「えっ、本当にやるの。いつやるの？」ってみんなに聞かれて。

　このあいだ草加市の新年会へ行ったんです。年に一回しか会わないような人もいるんだけども、そこでお話ししていたら「喫茶、やめちゃったんだって？　今度いつやるの。あなたのことだから、やらないわけはないでしょ」と最初から言われて、「まだ考えていないよ」と言ったんだけど、「だって、あなたがじっとしているわけないもの」とかって言われて（笑）。私、そんなふうに見られているのかなと思った。いつやるの、どこでやるのって矢継ぎ早に聞かれて。私、今、ちょっとお休み中なんだけどって言って笑ったんだけど。

岡村　無理しないかたちで実現できればいいですね。

山本　そうですね、何がなんでもということではなくて、そういう機運があって来たい人がいたり、やりたいという人がいればやってもいいかなって。

空き家を活用して再開

このインタビューの二年後、二〇一八年三月に届いた山本さんからの手紙は、野ばら会喫茶倶楽部を開くことのお知らせだった。同年四月四日から、毎週水曜日、午前一〇時から午後三時まで、草加市内の「さかえーる」でふれあい喫茶を再開することが決まったという。「野ばら会喫茶倶楽部再開のご案内」には、つぎのように綴られていた。

「松原団地C商店街に於いて平成一五年から二六年まで約一二年間喫茶倶楽部を開催しておりましたが、URの建て替えの為止む無く休業することとなりました。

それから四年余り経過した今年に入って、再び喫茶倶楽部の再開のお話をいただきました。野ばら会結成から四六年目に又この様な機会を与えて下さった関係各機関、ご協力頂きましたすべての方々に厚く厚く御礼申し上げます。

皆様方に愛され、誰でも気軽に立ち寄り、お茶を飲みながらお喋りや、相談事ができる場を提供出来るように、会員一同頑張ります。

これからも、ご指導ご鞭撻のほどよろしくおねがいします。」

野ばら会喫茶倶楽部に場所を提供している「さかえーる」とは、草加市社会福祉協議会が借り上げた草加市栄町の一軒家で、社協と市民団体が中心となり、住民の交流と情報交換の場（市民の憩いの場）として活用することを目的とした施設である（写真4－3）。二〇一八年の時点では、「おしゃべり倶楽部」（月曜日）、「野ばら会」（水曜日）、「みんなの保健室陽だまり」（木曜日）というボランティア団体が週一回ずつ活動していた。二〇一九年九月現在、これらの「総合事業・通所B」の活動に加えて、火曜日は「ルーエさかえ」、木曜日夕方は「たぬきのおうち」、金曜日夕方には「草加　柿とロバの会」と、さらに三団体が活動するようになり、今後は土曜日の開催も予定しているという。

草加市社会福祉協議会で、この施設の開設に携わった白河部りつ子さんに、空き家活用に至った経緯と利用方法の詳細を聞いてみた。

二〇一六年から、社協のなかで「地域に拠点をつくろう」という動きがあり、それと同時に、介護保険制度が改正となり、地域支援事業（住民主体のデイサービス事業）に新たに補助金が出る仕組みができた。このような社協が掲げる目標や制度的な変化に加え、これらと並行して「空き家も活用できないかと考えた」という。というのは、彼女自身も祖母の家が空き家になった時期があり、空き家問題は日頃から気になっていたからだという。

そこで、使えそうな空き家がないか、市の介護保険課の職員に問い合わせたところ、空き家についての情報は、住宅や居住形態も含め「個人情報」であり、それを簡単に出せるものでは

写真４－３①　草加市栄町の「さかえーる」

写真４－３②　野ばら会の看板

ないという回答だった。個人情報保護の制度によって、なかなか空き家情報が入手できなかったのだ。

それでも白河部さんはあきらめることなく、今度は市の産業振興課にも問い合わせてみた。しかし、産業振興課はとても協力的ではあったものの、なかなか適当な物件は見つからなかった。その後、口コミで「空き家がある」という情報があり、個別交渉を試みたがうまくいかなかった。

転機は社協のヘルパーからの情報であった。利用者が以前住んでいた住宅が、現在は空き家になっており、利用者の甥が現在の所有者となっていた。直接交渉してみたところ、所有者の男性は、叔母がヘルパーにお世話になったということもあり、「ご厚意で」貸してくれるようになったという。さかえーるの賃借料には、草加市からの補助金と社協の自主財源を充てることになった。

さて、空き家を借りられることが決まって、つぎに考えなくてはいけないのが活動の中身と、活動団体(活動主体)の選定である。介護保険事業の担い手になるためには、社会福祉士や看護師の資格をもっていること、あるいは資格がない場合は「担い手研修*14」の受講が義務づけられている。サービスの質の担保のためである。

さかえーるは、総合事業・通所Bというカテゴリーで運営しているため、運営者の研修と週三回以上活動することなどの細かい決まりがあり、また事業対象者は、要支援一、二のひとに限定されず、子どもや介護の必要のない高齢者、障害者なども含まれる仕組みだ。

さかえーるの開所にあたって、白河部さんはこれまで活動実績のある団体にいくつか声をかけ、それらを社協で検討した。その結果、上記のおしゃべり倶楽部[*15]、野ばら会、みんなの保健室陽だまりの三団体でスタートを切ることになった。その後、さらに三つの団体が活動に加わり、さかえーるの利用は活発化している。白河部さんは筆者へのメールの返信のなかで、「ひとつ拠点がある事で様々な活動が広がっていくことを実感しています」と述べている。

野ばら会は、白河部さんが以前から個人的付き合いがあり、みんなの保健室陽だまりは、当時、活動拠点を広げたいが家賃の問題を抱えていた。さかえーるを利用する団体のいずれもが、かつては空き家だったその場所を気に入り、なによりも「活動しているひとと自身が楽しんでいる」様子がみられると白河部さんは語る。

草加市民が主体となった運営委員会もあるので、そこで相談しながら決めていきたいとしたうえで白河部さんは、「たんなるコミュニティーセンターやレンタルスペース、普通の公民館にはしたくない」という。なぜならば、民間のレンタルスペースが近くで営業しているので、そことのすみ分けを心がけたいことと、あくまで「社協でやっている意味」をつねに考えているからだという。

筆者は二〇一八年六月、さかえーるで活動中の野ばら会を訪ねた。草加駅からゆっくり歩いて一五分ほどの住宅街にある、立派な一軒家である。ていねいに管理されていて、内装の劣化はほとんどなく、どっしりとした品のよい調度品、広々としたキッチンに揃えられた家電製品、開放的な和室とリビングはきれいに整えられた庭に面している。

代表の山本さんと野ばら会の会員さんたちが、二年前と変わらずおだやかな笑顔で迎えてくれた。さかえーるでの野ばら会再開について、山本さんに現在の感想をうかがった。

「やっぱりね（活動の）場所ができた安心感ね。夢が広がった。あれもやりたい、これもやりたいって」

活動拠点があること、言い換えれば自分たちの身を置く居場所があるということが、野ばら会はじめほかのボランティア団体が活動するうえで重要であることがよくわかる。団地の集会所や空き店舗を借りていたときとは少し違った感じがあるのだろう。最近の野ばら会には、子連れの母親やさかえーるの近隣に居住する高齢者も来るのだという。

ただし難点もある。さかえーるの設備はとても良いのだが、松原団地からのアクセスは悪く、徒歩で三〇分ぐらいかかる。公共交通機関やコミュニティバスの停留所からも遠いため、松原団地居住者にとって野ばら会が遠くなってしまったのだ。実際、以前の利用者から、どうやって行けばいいのか電話で問い合わせがあるものの、なかなか口頭で説明するのは難しい。そもそも、支援を必要としているのは長い距離を歩けないひとである。結局、野ばら会に来ていたひとたちの多くが、見守りネットワークに流れていき、そこにしわ寄せがいってしまうという状況になっている。

松原団地東口のバス乗り場からさかえーるの近くまで来られるルートさえあれば、野ばら会への参加もしやすくなり、同時に見守りネットワークの負担も減るだろう。それで山本さんは、市長との懇談会や草加市の担当部署と話し合いのなかで、草加市のコミュニティバスぱりぽりくん運行ルートの一部見直しやバス停の増設を何度かお願いしたという。ただ、その要望は実際にはかなり複雑で難しい案件のために、現在も実現に至っていない。

山本さんとの雑談のなかで、冗談とも本気ともつかない代替案も浮上した。松原団地エリアからさかえーるまで、だれか足腰を鍛えたいひとが人力車を走らせたり、あるいは伝右川沿いにカヌーやボートでお年寄りを送迎するのもいいね、といった具合だ。たしかに、さかえーる周辺の地形はあまり起伏がなく、目の前には伝右川が流れる。

この案が実現するかどうかはともかく、交通アクセスの不便さによって空き家の活用やそこでの活動が制限され、適切な支援体制が活かせないという問題がよくわかるケースである。

4　第三の場所と共助社会を可能にするもの

第三の場所として

ここまで、松原団地を拠点に結成された住民組織の代表者から、それぞれの団体の活動の状況や現在抱える問題を中心に話を聞いてきた。これらのインタビューをふまえて、団地におけるローカルなネットワークのための「場所」とはどういったものか、さらに「共助」のためのローカル・ネットワークとして機能するには何が必要なのかについて考えてみたい。

野ばら会がその活動の一環として続けてきたふれあい喫茶や見守りネットワークが提供する喫茶、一三号棟の住民たちが集まる集会所は、アメリカの都市社会学者レイ・オルデンバーグがいうところの「第三の場所（サードプレイス）」である。

第三の場所とは、家庭でも学校・職場でもない場所のことで、都市の人間関係や多様な触れ合いを育むうえで欠かせない場所のことである。たとえばイギリスのパブ、フランスのカフェ、ドイツ系アメリカ人のラガービール園などで、「すぐれた文化はみな、活き活きとしたインフォーマルな公共生活をいとなみ、必然的に、その舞台となる庶民の憩いの場を独自に発達させてきた」［オルデンバーグ 2013:6］とオルデンバーグは分析する。

しかし残念ながら、他愛ないおしゃべりが許されるようなインフォーマルな公共生活とそれに不可欠な「とびきり居心地のよい場所Great Good Place」(第三の場所)が、アメリカにおいては、経済効率を最優先した都市開発によって軒並み破壊されているという。オルデンバーグはつぎのように述べている。

「アメリカの都市計画家と住宅開発業者は、家庭と仕事から離れた生活があった昔の社会のたたずまいをひどく軽蔑してきた。近所の居酒屋を非難し、その郊外版を許さなかった。かつて親しまれていた集いの場の現代版を、彼らは提供できていない。製粉所や穀物倉庫、ソーダ水売り場、モルトショップ、お菓子屋、煙草屋——人間をたんなる顧客に還元しなかった場所——に代わるものが用意されていない。その間も都市計画家と住宅開発業者は、地域社会の中での厳しく管理された孤独を増幅させ続けている。」[Ibid.:62-63]

他愛ない会話ができ、人間を「たんなる顧客に還元しなかった場所」、すなわち家庭でも仕事場でもない第三の場所、日本的な文脈から言えば、井戸端や銭湯(共同浴場)、甘味処、タバコ屋、角打ちのできる酒屋、駄菓子屋、それから寺や神社の境内、地区の公民館や草野球をする広場といったところだろうか。そういった場所が、都市〝開発〟の名の下に消されていっている状況は、都市郊外だけの問題ではなく、まさに団地の建替えにおいても同様だ。それだからこそ、野ばら会の活動や見守りネットワークの取り組み、またその他の住民たちの活動が地域社会（団地）にもたらした功績は大きい。

野ばら会の活動についていえば、第三の場所を団地住民に提供しただけではない。団地住民のみならず、団地外の（近隣に住む）高齢者や障がいをもつひとびとに対しても喫茶を開放している点は重要である。第三の場所として、チェーン店の喫茶店やファミレスが徒歩圏内に数件あればよいというものでもない。もちろん、そういった大規模資本による店舗も第三の場所として機能するケースはある。しかしそれらの多くは、野ばら会や見守りネットワークのように、社会的弱者に配慮した独自のサービスを提供することはできないだろう。「効率的」でないからだ。

従業員（店員）が客と一緒に席に座って一〇〇円でコーヒーを飲みながら何時間もおしゃべりをしている光景など、一部の個人経営の店以外では、めったに目にすることはない。すぐにコーヒーを飲みたいひとにとっては、マニュアル化されたチェーン店の接客のほうが心地よいだろうが、聴力や視力、新しい環境への適応能力が弱っていたり、喫茶店を利用する目的によっては、そうした接客が、きわめて「不便」で「不親切な」対応に思えることもあるだろう。すべての喫茶店が野ばら会のコミュニティ・カフェのようになる必要はないが、いくつかの選択肢が用意されていることは、よりよく生きる社会において大切な要素ではないだろうか。

山本さんは認知症患者とその家族が集えるカフェの実現を模索している。その背景には、つねに社会的弱者への配慮、気遣い、思いやりがある。インタビューをとおして感じるのは、さりげない心遣いの源泉が、義務感や正義感ではなく、まして政治的な戦略や経済的利益への期待でもないことである。自分自身が楽しいか、みんなも楽しんでいるか。ローカルな領域で展開されるネットワークは、こうした他者への配慮やシンプルに人生を楽しむ気持ちから生まれるものなのかもしれない。

さらに、野ばら会の再始動について注目すべきもうひとつの点は、第三の場所としての空き家の活用である。現在、全国の自治体が頭を悩ませている課題のひとつに空き家問題がある。防犯上、また土地の資産価値を保つためにも、国や地方自治体が対策を急がねばならない案件であり、また法的な規制で所有者以外の者が処分したり立ち入ったりすることはできないことも問題を深刻化している。草加市も例外ではなく、二〇一七年度の草加市の調査では、市内に少なくとも一二四九軒の戸建て住宅の空き家（空き家率二・七パーセント）が確認されている。[*16]

あきらかに倒壊や火災の恐れがあったりする場合は、行政代執行によって取り壊されることもあるが、地の利がよく、適切に管理されている空き家の場合は、さまざまな方法で地域の資源として活用されている。[*17]草加市のさかえーるも、社会福祉協議会が中心となって実現した空き家活用のモデルケースであり、その先進的な取り組みについては、今後の動向が注目される。オルデンバーグは、第三の場所が「社会と個人のあらゆる病に効く万能薬ではない」[オルデンバーグ 2013:158-159] としながらも、そこで育まれた関係性は、近代の都市生活から生じる孤独や格差から私たちを救ってくれるかもしれない、と述べている。

弱肉強食社会を勝ち抜いたものだけが住む地域は、ある一定の条件を満たしたものにとっては住みやすい。建設当初の松原団地は、勝ち組と呼ばれるひとびとが住む、まさに〝あこがれの〟居住空間だった。しかし、そこには社会的な弱者も少なからずいたはずだ。現在もなんらかの手助けを必要としているひとはいるだろう。彼らの孤立は他人事ではない。それを傍観しているうちに、自分自身がいつのまにか社会的弱者になっていることもある。そもそも私たちはだれしも、いつかは老いと向かい合うときが来るからだ。そう考えると、いつか弱者に転落するかもしれないとおびえながら過ごすよりも、「お互いさま」の精神でおおらかにローカルなネットワークを育ててゆく生き方のほうが、はるかに現実的で建設的ではないだろうか。

本章のインタビューから見えてくるのは、第三の場所を「社会的弱者の居場所（高齢者のたまり場）」という意味以上のものとして捉えなければならないということだ。そこはまさに団地内に囲い込まれたネットワークではなく、団地の外とのつながりも含めたローカル・ネットワークの中継地点であり、ひとびとの社会参加の場である。そうした社会参加をとおして、私たちはそれぞれの役割や立ち位置が転換する可能性もあるということに気づき、互いに必要とされ、互いに支え合っていることを確認することができるのである。

そういった場を立ち上げから運営まで実現させるのはけっして簡単なことではない。野ばら会や見守りネットワーク、一三号棟の活動などここであげたケースは、社会的な活動を牽引できる知性と素質、社交性に富んだキーパーソンがいて、その個人のリーダシップによって実現した稀有な例として位置づけることもできるかもしれない。また、野ばら会が現在活動拠点としているさかえーる開設にあたっても、キーパーソンがつねに情報受信のアンテナを立てていることと、アイディアを行動に移すことのできる熱意と知識、経験によるところが大きかったのは事実である。

しかしながら、そういった個人の経験や人生哲学、資質が強烈な影響力をもち、地域内での互助活動を実現に導いている、と単純に結論づけてしまうのは早計である。それぞれの活動が特定の個人によってのみ実現され運営されるものではなく、さまざまなネットワークのなかで活動が実現し、維持されているのである。加えて専門機関や行政によるサービスの提供や公的な援助（経済的な援助や場所の提供など）を受けることで、組織を安定して運営ができるということも忘れてはならない。*18

自助・共助・公助について

ローカルなネットワークには、具体的なアイディアや実行力、豊かな経験をもつ個人と、専門機関や公的機関とをつなぐ役割がある。そのネットワークによってゆるやかにつながった人間関係は、提案された活動を実践するための「場所」と、その活動やネットワークを経済的・制度的に支援する公的な制度とによって、さらに活発な活動を呼び起こす。ネットワークと場所と公的支援、これらが揃ったとき、地域社会で生じた問題やこれから先に生じるであろう問題に対処する道筋が拓かれるのではないだろうか。

取材をした三つの住民団体いずれもが、それぞれの団体だけで完結した活動ではなく、互いの団体を補完し、ほかの関係機関・市役所などとも連携を保ちつつ、活動を継続させている。つまり、ひとりの住民の努力によるものではなく、社会福祉協議会、市役所、商店主、元住民、ヘルパーなど、さまざまなアクターをつなぐネットワークが機能していることで、その活動が実現している。

ここで見過ごしてはならない点は、公的なインフラの整備・拡充によってより活発な活動が期待できるということだ。たとえば、コンフォール松原からさかえ～るまでのアクセスがよくなる交通インフラが整備されれば、足が遠のいていた野ばら会の利用者も再び参加することができ、見守りネットワークに利用者が集中してしまうような事態が緩和されるかもしれない。

災害時だけでなく、少子高齢化社会を迎えるにあたって「自助・共助・公助」の必要性がいわれて久しいが、それはカメラを固定する三脚のようなもので、一脚でも欠けたら立つことはできない。それぞれの地域の歴史や地形、そこでの文化的な特徴によって、共助・自助・公助の機能のあり方は違うが、いずれにせよいずれかの一脚にあらゆる問題を押し付けるやり方では、利用者のニーズに対応できないばかりか、互助的な関係性を継続させることはできない。ただインタビューから見えてくるのは、自助や共助を支える基幹が、公的な支援（公助）であり、それなくしては安定した活動が継続できないという現実である。

災害時にたとえれば、自助のための備蓄品を個人で備えるにしても、それ以前にペットボトルの水を仕入れ・輸送・販売する流通経路を確保・整備しておかなければならない。地域住民が最新の情報技術を駆使して連帯して助け合うにしても、通信網や設備を整備しておかなくてはならない。地域住民のネットワークを育むためには、だれもがアクセスしやすい集合場所が必要だ。そのように考えると、自助や共助を根底から支えるのは、インフラの整備などの「公」的なサポート（すなわち公助）だということがわかる。公的なバックアップ体制なくして、都市における互助的な関係性を機能させることはできないのだ。

第三の場所を活用するには、ある程度の公助が必要である。この場合の公的な補助とは、家賃補助、集会所や空き家などの場所の提供、その場所への公的なアクセス手段の確保・整備などである。つまり、こうした公的補助は、その土地の資産価値を高めるためではなく、たとえ採算がとれなくとも、市民がより良く、人間らしく、快適に生きるために必要なものである。

ただし、現代社会において必要とされる共助とは、近代国家以前の村社会で行われていた厳しい掟と制裁によって縛られた人間関係にもとづく相互扶助とは異なったものである。

近世日本史を専門とする木下光生は、江戸時代は地域共同体が社会的弱者や貧困者を救済してきたとされているが、人権や自由という近代的概念などない当時の公的な（村内の）相互扶助が、村民個々の自己責任とのせめぎあいのなかにあったと指摘する。つまり、村落社会において生活困難者への援助の仕組みがあったとしても、それが「実際に機能するかどうかは別問題」であったという[19]［木下 2017:203］。

松原団地における共助の様子は、完璧なものではないかもしれないが、現代社会の共助のあり方を模索するうえでの新たな視点を与えてくれる。

生活困窮者や社会的弱者を「救済」するにあたって、その責任の所在については、責任を負うのは当事者（もしくはその家族）か社会（国家）かといった二項対立の考え方がある。しかし、その問いこそ疑義を投げかけるべきものなのかもしれない。現代の新たな相互扶助のポイントは、ほどよい距離を保った人間関係のネットワークのなかにある共助と、それを支える公助による基盤づくりにあると考えられるからだ。それらがそろってはじめて自助の道が拓かれるのである。

少子化や高齢化といった（国家全体が抱える）問題への対処においても、共助と自助ばかりを強調し、個人や家庭にだけ問題を押し付けるには限界がある。[*20]以上で見てきたインタビューから導き出せるのは、地域社会の福祉・教育や災害に関しては、さまざまな機関と諸団体、そして個人がローカルなネットワークのなかで連携することによって適切な支援や柔軟な対応が可能になるということである。

支援を受ける側の細かいニーズを感じ取ることができるのは、地域や家族という小さなユニットである。そこで気づいた支援のかたちを実現し維持するにあたっては、まずはインフラの整備や法整備、経済的な支援といった、公的な分野での下地づくりが欠かせない。先に、野ばら会が活動するさかえーるの問題点は、交通インフラの整備が不十分であることを述べたが、そこでは、活動そのものがどれほど「望まれて」いても（利用者のニーズを満たしていても）、活動場所へのアクセスがしにくいという物理的な困難がある。それによって、本当に必要とされる人に支援が届いていないという問題が引き起こされるのだ。

たとえ個人の尽力で「解決」したとしても、それは一時的なもので、その個人が病に倒れたらサービスは終了せざるをえない。きちんと継続した活動を安定させていくには、やはり公的な援助が欠かせないのである。

公的機関の仕事は、市民が個人では処理しきれない問題、個人では背負いきれない案件を処理することである。生活環境、成育環境、遺伝的な資質など、個人の努力だけではどうしようもないこともある。個人の病気や事故を、不摂生や不道徳な生活によるものだとする自己責任論を主張するひともいるが、どういった家庭環境に生まれるか、どういった生活習慣を身につけなければならなかったのか、どんなハンデキャップを持って生まれるか自分で決定することはできない。あるいは、いまこの瞬間に「健常者」と呼ばれるカテゴリーにいたとしても、なんらかの事情でそこから外れる生き方を選択せざるを得ないこともあるだろう。もっとも、だれでも長年生きていればいつか高齢者と呼ばれる日がくる。個人差はあれ、身体も衰える。そして究極的には、だれもが死を免れない。いずれも、個人の努力や自己決定の範疇を超えたところでは個人は無力である。それだからこそ、公的援助を組み込んだローカル・ネットワークのなかで、それぞれが連携しながら地域での生活を支えていくことが大切なのである。

注

＊1　調査結果をまとめた「草加松原団地歴史資料集」は、以下のウェブサイトで閲覧できる。https://sites.google.com/kaichigakuen.ed.jp/matubaradannchi2018kenkyu/ この資料集の作成者は二人とも、

埼玉県の開智高校三年生（二〇一九年八月現在）で、同校の伏木陽介教諭の指導のもと進められたこの研究は「地歴研究の甲子園」ともいわれる「第一二回高校生歴史フォーラム」（奈良大学主催）にて優秀賞を獲得した。二〇一九年五月一八日には松原団地自治会で講演会も行っている。

＊2　こういったサークルの活動拠点として、各住棟の集会所はきわめて重要な役割を果たしている。一三号棟の会では、コミュニティバスを利用して施設見学をしたり、県内のみどころを徒歩で散策したりといった活動が多いが、住民サークルの参加者の年齢層・健康状態によっては、そういった外出が困難な場合もある。小林氏によれば、団地内にある松原団地記念公園で「お花見」を企画しても、体力的に「記念公園まで歩いて来られない人もいる」という。

＊3　パリポリくん体操の正式名称は「パリポリくん健康体操」。草加市オリジナルの体操のことである。草加市役所の公式ウェブサイトによれば、「草加市リハビリテーション連絡協議会、草加市地域包括支援センター、長寿支援課において、協議を重ね、埼玉県立大学理学療法学科田口教授からも助言をいただき作った」体操で、認知症予防や口腔体操も兼ねた、体力に自信のないひとでもできる簡単な動きを中心にした体操である。詳細は草加市のウェブサイトを参照。http://www.city.soka.saitama.jp/cont/s1502/2368/PAGE000000000000053649.html

＊4　二〇一九年六月、筆者は一三号棟全戸と一五号棟の一部住民を対象にした簡単なアンケート調査を実施した。調査方法としては、一三号棟では郵便受け一二〇戸に、一五号棟の交流会の活動への参加者一五名に一部ずつアンケートと封筒を配布し、それぞれの棟の代表者に厳封した回答用紙を回収してもらった。回収数は一三号棟、一五号棟合わせて三二名で、回答者の年齢は五〇代（一名）、六〇代（六名）、七〇代（一七名）、八〇代（七名）、九〇代（一名）であった。単身者は一二名であった。回

答者のほとんどは、それぞれの棟での交流会に参加している。アンケートの質問は、松原団地およびコンフォール松原への入居年、入居の理由、住替え前と後との生活の変化について（満足している点、不満な点など）、また住民同士の交流の変化や日常の散歩コース、地域の情報の取得方法についてで、回答は回答者自身が自由に記述する形式である。

＊5 現在は、駅前のハーモネスタワー一階に店を構え、新鮮な食肉のほか、多彩な惣菜や弁当、野菜や果物、生花なども販売している。高齢の住民ばかりでなく、小さい子どもを抱えた親や獨協大学教職員もよく利用している。

＊6 二〇一八年六月三〇日に行われた松原団地建替え事業完成祝賀会のこと。

＊7 松原団地見守りネットワークの活動は、『東京新聞』（埼玉中央版）二〇一四年五月六日、『朝日新聞』（埼玉版）二〇一八年五月二五日、『しんさいたま』（共産党機関紙）二〇一八年九月二〇日などでも紹介されている。

＊8 『野ばら会　三〇年の歩み』二〇〇二年七月二八日、六〇―六一頁。

＊9 インタビューは、二〇一六年三月、獨協大学地域総合研究所にて行った。

＊10 獨協大学の卒業生で元獨協大職員でもある南雄三師範。

＊11 現在は商店街は取り壊され、松原団地記念公園になっている。

＊12 ドトールコーヒーショップコスパ松原店。

＊13 『ヴェトナム独立運動家　潘佩珠（ファンボイチャウ）伝―日本・中国を駆け抜けた革命家の生涯―』（一九九九年）。奥付と解説によると、山本さんの実父である著者の内海三八郎（一八九一―一九八六年）は、東京外国語大学仏語本科ならびに英語専修科卒業後、ハノイにて貿易業に従事。戦

前は、商社や領事館などにも勤務。戦後はヴェトナム新政府の要請により財政顧問として北部に残る。その後もアメリカの経済援助局や鹿島建設ダニムダム建設事務所に勤務。一九六三年に日本に帰国。『南ヴェトナム風土記』（鹿島研究所出版会、一九六四年）の著作もある。

＊14 正式名称は、「草加市介護予防・日常生活支援総合事業多様な担い手研修」。

＊15 おしゃべり倶楽部は、さかえーる開設にともない、新たにボランティアさんたちに声をかけ、勉強会を数回実施し立ち上げた団体。おもに「傾聴ボランティア」のメンバーが中心となっている。

＊16 このなかには共同住宅や店舗は含まれていない。なお、草加市では空き家に関する事項は「くらし安全課」が所管し、今後「空家等対策計画」を策定する予定だという。ここで引用した統計のほかにも、総務省統計局が五年ごとに実施している「住宅・土地統計調査」にも空き家に関する統計がある。ただし、草加市の調査とは空き家の定義が違っているため、数値も異なっている。http://www.pref.saitama.lg.jp/a1107/akiya-data/top.html 参照。ちなみに、総務省統計局の「平成二五年住宅・土地統計調査」によると、日本全国の八二〇万戸で、空き家率（総住宅数に占める割合）は一三・五パーセントで、五年前とくらべると空き家率は〇・四ポイント上昇したという。

＊17 たとえば東京都世田谷区では「グリーフサポートせたがや」、地域活動団体に場所を提供する「シェア奥沢」、デイサービスと認知症カフェを備えた地域の多世代交流拠点づくり「大蔵プロジェクト」などがある。「世田谷らしい空き家等の地域貢献活用モデル事業」として採用されたこれらのプロジェクトには、区から補助金が出ている。詳細は、倉橋透「経済的にも貴重な資源」（『東京新聞』二〇一四年七月六日）、［倉橋 2014］などを参照。経済学者の倉橋透は、「住宅や建物は単体でハードとして存在するものではなく、地域の生活に根差したものでなければならない」という視点から、こ

れらの世田谷区の空き家活用事業の試みを評価している。

＊18 ただし、行政や専門機関からの期間限定の助成金・補助がまずあって、それを確保・利用するために無理やりひねり出された地域活動は長く続くことはほとんどない。一時的な効果はあるものの、住民や活動参加者のニーズをほとんど反映していないため、補助の提供期間の終了とともに活動も消滅する。そういった事例は、とくに地域振興の場でよく見られる［岡村 2011a］。

＊19 木下は、村社会が村落の成員（村民）の生活困窮の救済に際し、どこまでを「村の公的責任」として引き受けるのか、そしてどこからを「自己責任に属する問題」とし「社会救済（村の公的扶助）を発動させなくなるのか」は、かなり微妙な線引きが行われていたことを歴史的資料からあきらかにしている［木下 2017:196］。

＊20 都市社会学者の西野淑美は、都市における介護についての研究のなかで、「都市的生活様式は、専門処理によるサービスを選択・利用・管理する能力を持たなければ成立しない」と述べている［西野 2004:99］。

終章

団地をめぐる現代の問題

ネットワークから考える

1　団地と孤独死

高齢化がすすむ団地は、孤独死の現場のひとつとして語られることがある。二〇〇五年九月二四日放送のNHKスペシャル「ひとり団地の一室で」では、住民みずからが団地内に「孤独死予防センター」を立ち上げ、孤立する入居者をサポートする様子を紹介している。

東京都監察医務院の「事業概要」によると、二〇一七年の東京都二三区内の検案件数約一三〇〇〇件のうち、独居高齢者（六五歳以上）の自宅死亡数は四四三一件（男性二七五九件、女性一六七二件）で、年々増加傾向にある。ただし、孤独死や孤立死にはさまざまなケースがあり、それゆえ定義づけがきわめて難しく［結城 2012a:2-22］、各種の調査によっても定義が異なっていることにも留意しなければならない。

孤独死には、統計資料の数値や一般論では語れないさまざまなパターンがある。*1 血縁者や友人・知人との交流がありながらだれにも看取られずに亡くなったケースと、地域や家族から完全に孤立し介護福祉サービスも受けずに亡くなり時間が経って発見されたケース、どちらも同じ「孤独死」として問題視すべきか議論の余地があるだろう。いずれにせよ、孤独死の問題点は、死亡時に一人きりだったことではなく、亡くなった人が社会的なつながりをもっていなかったこと、もしくはそのつながりの希薄さにあるのではないだろうか。

高齢者の孤立について調査した『高齢社会白書』(二〇一四年度版)では、周囲のだれかとメールや電話で会話を交わすのが「二〜三日に一回以下」と答えた高齢者が、男性の単身世帯では二八・八パーセント(「ほとんどない」男性は七・五パーセント)、女性の単身世帯では二二・〇パーセントと報告されている。

では実際、団地と孤独死との関係はどうなのだろうか。和光市を事例に居住形態と高齢者の孤立のしやすさとの関係を調査した老年社会学者の小池高史は、著書『「団地族」のいま』のなかで、独居の孤立高齢者は、団地以外の賃貸住宅に住んでいる人にとくに多いことを指摘している。その調査結果をふまえて、小池はつぎのように述べている。


「孤立死をめぐる報道もあって、団地で暮らす独居高齢者が孤立高齢者の典型のように見られているためか、団地を舞台とした孤立を防ぐための取り組みは、孤立死の防止を第一目標として実施されていることが多い。しかしながら、この結果をふまえれば、それらの取り組みは、賃貸の団地とともに団地以外の賃貸住宅に住んでいる人もその主要な対象とすべきだ。また、団地での孤立を防ぐためには、独居高齢者対象のものばかりではなく、同居者のいる高齢者が家の外での交流をもつことを促すような取り組みも重要だ。」[小池 2017:72]

「団地に孤独死が多い」というイメージは、小池が言及するように「団地で暮らす独居高齢者が孤立高齢者の典型のように見られている」ことによるものだ。それで団地＝孤独死というイメージが定着してしまっているのであろう。

松原団地のある住民（八〇代、女性）は、夕方のニュース番組の孤独死特集に松原団地が取り上げられたことに対して怒りをあらわにするなかで、孤独死のケースで多いのは、入居して日が浅い独居の住民であることを再三強調していた。

団地住民の孤立や個人主義、排他性については、すでに一九五〇年代からマスメディアで取り上げられていた。「〝防犯〟にそっぽ向く〝団地族〟」（一九五八年一一月二一日）といった見出しや、団地の子どもが「早熟で排他性が強い」という研究結果についてのニュース（一九五九年三月一七日）が掲載されている。

一九七〇年代に入ってからも、団地に対しては厳しいまなざしが向けられ、NHK「現代の映像」（特集「団地と市長」一九七一年一月二二日に放送）では、団地（建設）が地域の「お荷物」とまで言われてしまう[*2]。

そして近年では孤独死である。たしかに、松原団地でも孤独死するひとはいる。しかし、高齢化や孤独死は団地だけでなく、現在の日本社会全体が抱える問題なのである。

住宅政策を専門とする平山洋介は、「ニュータウン　夢見た先に　高齢化率四二％　独居八三歳「死んだら早く見つけて」」（『朝日新聞』二〇一七年一二月三日）というタイトルの記事のなかで、これはニュータウンだけの現象ではなく、タワーマンションやバブル期に開発された住宅地でも起きることだとコメントしている。そもそも高齢者の孤独は、都市化したあらゆる社会が抱える問題であり、[*3]そういった社会問題が団地というわかりやすい記号に投影されているに過ぎない。

さらにいえば、孤独死は高齢者だけの問題ではない。先にあげたＮＨＫスペシャル「ひとり団地の一室で」では、孤独死が六五歳以下にも少なくないことを伝えている。千葉県松戸市の団地で三年間に孤独死した二一人のうち半数が六五歳未満で、ほとんどがリストラや離婚を経験した男性であることが明かされる。都市再生機構の調査でも、管理する団地での孤独死の四〇パーセントが六五歳未満だという。

孤独死の問題は、団地に限ったことではない。それだからこそ、松原団地の見守りネットワークに代表されるような団地での取り組みは、対策へのなんらかのヒントを与えてくれるだろう。

2 国際化のなかの団地

孤独死とともに、近年の団地をめぐる論点のひとつとなっているのが、団地の多国籍化・多言語化、そして外国人住民との共生の問題である。

一九九〇年代、入管法改正（一九九〇年）や技能実習生制度の導入（一九九三年）などによって、就労や留学を目的とした在留外国人が増加した。その頃、交通アクセスのよくない公営団地を中心に空室が目立つようになり、高齢化も進んでいた。そういった社会的背景のなかで、公営住宅法が改正され（一九九六年）、入居条件が緩和。一定の在留資格と収入があれば、外国人でも公営団地に入居できるようになった。

外国語母語話者の住民が多い団地として、愛知県豊田市の保見団地や埼玉県川口市の芝園団地などがあげられる。これらの団地は外国籍の居住者が半数近く、あるいはそれ以上といわれ、学術研究のフィールドとして、またドキュメンタリーや新聞の特集記事にも取り上げられている。[*4]

コンフォール松原はどうだろうか。松原サービスセンター係員の推計では、外国籍住民が暮らすのは、全三〇〇〇世帯のうちおよそ一〇〇世帯前後とのことであった。また自治会では、外国籍住民も自治会に加入しない傾向があるため、「(団地に居住する外国籍の世帯を) 把握しきれていない」という。草加市の住民登録をもとに計算すると、外国籍住民は二〇一八年一〇月一日現在、旧A区は一〇三人、旧B地区には二五二人、旧D地区には四人となっている(地区はいずれも建替え前の区画)。住民基本台帳に登録されているこれらの地区の全人口(八〇六九人)のおよそ四パーセントが外国籍で、そのうち中国・台湾籍住民が六割、韓国籍住民が三割、それについでフィリピン、パキスタン、インド、マレーシアなどの国籍の住民が居住している。日本の総人口に占める外国籍住民の割合がおよそ二パーセント前後といわれているが、それよりもやや多い割合である。[*5] それでも松原団地周辺は、保見団地や芝園団地にくらべれば、現在のところ外国籍住民の比率が著しく高いとはいえないが、コンフォール松原周辺には、民間の分譲マンションも多く売り出されており、[*6] 外国語話者の住民も今後増えてくることが予想される。

私たちはもはやグローバル化の波を避けて通ることはできない。グローバル経済の枠組みにがっちりと取り込まれているかぎり、そして同時にその恩恵も受けているかぎり、グローバル化によって引き起こされる事象を受け止め、必要に応じて発想を転換させていかねばならないのだ。

そうしたときに鍵となるのは、国籍という帰属単位ではなく、ローカルなつながりのなかに生活する「地元民」というローカル・アイデンティティである。[*7] たとえば川崎市では、外国人市民に対して市が実施するいくつかの取り組みに外国人も関わり、「日本人」「外国人」という枠を超えた「川崎市民」という新たなアイデンティティが育まれている。そう指摘する岡本奈穂子は、外国人側が支援を必要とする場面もあるが「彼らは絶対的な弱者ではなく、他の面では能力を有する対等な存在であるということを忘れるべきではない」と述べている［岡本 2007:73］。

この考察を団地にもあてはめると、団地というムラ的な空間において「彼ら」とはムラの住民以外であり、そのムラに居住しているかぎり国籍や言語の異なるひとびとであっても「ムラの人（＝われわれ）」と見なされる、というわけだ。ムラの内部では、そこに居住している事実、もしくはそのエリアに特別な愛着やシンパシーをもっていることが重要であり、「よそ者」とみなされる主体も、その条件さえ整っていればムラという集合体の成員になりうるということである。

同じような社会階層を「収納した」ハコの集合が、やがてコミュニティ的なムラ社会になり、子どもが成長して巣立った後は高齢者が残った。しかし近年、そこに新たに入ってきた外国人が、団地社会の成員すなわち「ムラの住民」となりつつある。[*8]

3　地域の結節点としての団地

孤独死と国際化。現代の団地が直面しているこの二つの現象が「問題化」する背景には、それらを問題視せざるを得ない状況、すなわちローカル・ネットワークの機能不全がある。つまり、ひとり暮らしをしながら自宅でひっそりと息を引き取ることも、日本語以外を母語とするひとびとが隣人になることも、それ自体はなにも問題ではない。孤独死に関しては言うに及ばず、国際化についても、ナショナル・アイデンティティではなくローカル・アイデンティティ（地元への帰属意識）を育むような活動のネットワークがうまく機能していれば解決の糸口は見えてくるはずだ。

そもそも団地のはじまりは人為的なコミュニティとして「作られた」社会であった。団地では、旧来の地縁にもとづいた関係性を築くことは難しいとさえ思われていた。しかし時間の経過とともに、団地は血縁よりも濃い地縁の関係を育んでいた。だからこそ、建替えによる住替え後に人間関係がバラバラになってしまったことで、さびしさをおぼえる高齢の居住者もいる。そして、彼らの居場所づくりや新たに転入してきたひとびとをなんとかして団地社会の成員として迎え入れようとする取り組みも行われている。

国籍や言語の違う住民が増えたことで、それまでの団地の様子が変わり「団地コミュニティが崩壊した」という理解は、その前提に、団地が画一的で同質的なムラとしてあるべき、という考え方がある。同質的な団地の姿が揺らぐことへの不満や恐怖がそこにあるのだろう。しかし、日本の都市社会の成り立ちを考えてみれば、高度経済成長期に「金の卵」として各地から上京してきたひとびとが集まる雑多な集合体であり、さらに遡っていけば、アジア各地からの移住者を受け入れてきた歴史もある。

団地は閉じた社会でありながらも、ゲーテッドシティが生み出す独立した閉鎖空間ではない。[*9]団地は外部とのネットワークを保ちながら、そして外来者の往来を受け入れながら、地域社会の一部として位置づけられている。

団地の敷地は公共的な空間である。だれもが散歩できて、立ち話もできる。木陰に腰掛けて束の間の休息をとることができる。そして、団地の高齢者を支えるネットワークは、団地内だけでなく団地外のひとびとも巻き込んだものとなっている。さらに、松原団地で育ち巣立っていった若者が、団地の外に住みながらも、かつての団地仲間とスポーツチームを立ち上げたり、同級生たちと連絡を取り合っては団地近辺で集まっているという話もしばしば耳にする。

これらの人間関係は、要するに「団地つながり」である。地域社会に組み込まれた団地が、ひとびとを結ぶ結節点になる可能性をここに見ることができる。

4　人間関係という資本

年老いていくときに、私たちはなにをどう準備したらよいのか。昨今の年金問題、少子高齢化、子どもの貧困（教育問題）、待機児童（保育問題）など、多岐にわたる社会的問題を抱える日本において、将来のヴィジョンを明確にもつことは難しい。老後破産、下流老人、「負」動産といったネガティヴな語がつぎつぎと並べられ、資本主義社会で安定した老後を送るためには、経済的な基盤が必要不可欠であることが強調される。

しかし、あくまでそれは経済的な側面のみをクローズアップしているにすぎない。団地の研究をしていると、それとは違った視点から「老後のサバイバル」を考えさせられることがある。人間が社会と接点をもちながら生きていくうえで、経済資本、すなわち「お金」が大切なのは言うまでもない。しかし、私たちがより快適に生活してゆくには、社会関係資本や文化資本も必要不可欠である。

社会関係資本（social capital）とは、人と人との社会的ネットワークとそこから生れる互酬性や信頼性の規範である［パットナム 2000=2006］。そして、文化資本（cultural capital）とは、家族や友人・知人との社会的な関わり（学校や職場、サークル、地域活動、芸術活動など）において伝達される文化的な財、知識、言語能力、振る舞いといったさまざまなハビトゥスによって構成されるものである［ブルデュー・パスロン、1970＝1991］。本論の趣旨に即して考えると、自分の活動エリアにおいて有利にはたらく知識であり、その文化に適した振る舞い、そこでの生活にふさわしい作法や言葉遣いを使いこなせることである。たとえば、農村には農村の、漁師町には漁師町の、そこに適した言葉遣いやマナーがあるように、団地においてもそこの住民として適切な振る舞いがあり、住民同士のコミュニケーションで必要とされる知識も違う。それぞれの土地に適合するそれぞれの方法でネットワークを構築し、そのネットワークのなかで生きるための知識をもつことは、経済資本と並んで重要な資本なのである。

松原団地は建替えにともない、何十年もかけて住棟ごとに形成された人間関係が分断され、社会関係資本を失いかけそうになった。そして、だれもが座っておしゃべりしていたベンチや散歩していた並木道もなくなった。

しかし、団地内のメンバー構成が変化しても、団地という居住空間が、団地文化を継承しながら、その地域に「定着」したことによって、団地をめぐるネットワークが新たなかたちで広がっていく。近隣住民が団地内のさまざまな活動に加わってきたり、さらには団地を出て戸建や分譲を購入した元団地住民も、なんらかのかたちで団地住民との交流を続ける。つまり、団地というエリアが地域の一部として土着化しつつ、団地は地域の結節点にもなった。

そして、現在、団地住民は団地外部との関係性を保ちながら、新たなかたちで都市的文化に支えられたネットワークをつくっている。そこで生み出された団地のネットワークは、地に足をつけた日常の生活を心地よく過ごすために有効な文化資本であり社会関係資本でもある。

居住地域における良好な社会的ネットワークは、そこに住む当事者に恩恵をもたらすだけでなく、彼／彼女を取り巻くあらゆる人間関係をつなぎとめる可能性があることも指摘されている。たとえば、認知症の高齢者に対して、運転免許を〝自主的〟に返納をするよう促す場合、近親者（当事者の介護を担う息子や娘）が直接説得にあたり、その結果、親子の感情的対立を引き起こしてしまうことがある。それを避けるために、地域の町会や団地自治会の役員が、免許返納を促すため当事者を直接訪問し「頭を下げる」というやり方も効果的な方法のひとつとして紹介されている［渡辺 2015:40-41］。それによって、親族はあくまで当事者に「同情」の気持ちを示す立場を（表面的であったとしても）保つことができる、というわけだ。

良好な人間関係が築くネットワークの重要性は、高齢者介護にかぎらず子どもの貧困問題においても指摘されている。社会的弱者の貧困問題に実践的に取り組む湯浅誠は、子どもの貧困対策を取材するなかで、地域の縁が薄れて各家庭を地域がフォローする機能が弱くなっていることに言及しつつ、セーフティネットのひとつである人間関係が十分に機能していないことと経済的困窮が重なる状態が貧困であると述べている［湯浅 2017］。つまり、現代の日本社会のなかの貧困は、単純に経済的な困窮を指すのではなく「貧乏＋孤立」だという。

そもそも個人の経済的な問題、すなわち経済的貧困には、その個人を取り巻く人間関係の不安定さや病気・障害といった複合的な問題が絡まっていることが少なくない。失業や離別・死別、本人の病気など、いざという時に頼れる人間関係（ネットワーク）の喪失や弱体化が、貧困のスパイラルを強化しているといえよう。[*10] だからこそ、経済的な面からだけ見て老後（退職後）の生活を憂いたり、安心したりするのは、あまりに一面的すぎるのである。

友人・知人との会話がまったくいない生活（社会的孤立）は寿命を縮めるという調査結果にも示されるように［斉藤 2013］、社会的なネットワークは私たちの生活にとって欠かせない資産なのである。

5　団地研究から見えてくること

何十倍もの確率で当選した団地に、やがて高齢化が訪れ、空室が目立つようになるのをだれが想像しただろうか。「仮住まい」だったはずの団地が、いつしか終の棲家や故郷と呼ばれるようになることをだれが想像しただろうか。観光地めぐりでもするかのように、カメラを抱えて団地を散策する団地愛好家の姿をだれが想像しただろうか。

都市生活や時代の象徴としての団地は、この六〇年で大きな変化を経験した。本書で取り上げた松原団地も例外ではない。

松原団地をめぐる記憶の記録と住民の調査からは、団地がたんなるハコの集合体ではなく、旧来のムラ社会でもなく、居住者のためだけの空間でもないという現実が見えてくる。地域社会の風景の一断片としての団地では、団地のソトの世界ともつながったゆるやかなネットワークが築かれ、そのネットワークを活かして、ひとびとは多岐にわたる問題に対処しようと模索していた。団地は、ひとびとが行き来する交差点でもあり、日常に埋め込まれたローカルな記憶を構成する一要素ともなっている。

団地のなかで今まさに起こっていることを、団地特有の問題として片づけるのではなく、日本社会が直面している課題だと捉えると、団地でのさまざまな取り組みは、成功例であれ失敗例であれ、たとえそれが小さな事例であったとしても、私たちがどうその問題に対応していくべきかの道筋を示してくれるだろう。

注

＊1　［結城 2012a］、［菅野 2019］を参照。

＊2　本書第3章2節を参照。

＊3　すでに一九五〇年代終わりには、都市における高齢者の孤立が注目されている。NHKで一九五八年六月二四日に放送された「現代の映像」の特集「都市孤独老人」では、毎日の散歩相手として月給二万円で雇われている七一歳男性と、雇い主であり質屋の経営者である六五歳女性が、都会での孤独を紛らわすため「奇妙な雇用関係を結んでいる」ことが紹介されている。

＊4　研究論文としては、［江・山下 2005］や［稲葉ほか 2010］を参照。ドキュメンタリー作品は、日系ブラジル人との共生のために奔走する保見団地の自治会長を追った「にんげんドキュメント　自治会長奮闘す」（二〇〇〇年八月一〇日放送、NHK）、名古屋市の団地からの退去を迫られた日系ブラジル人家族を取材した「家族漂流：日系ブラジル人は今」（二〇〇九年放送、NHK名古屋）などがある。また保見団地については写真集『Familia 保見団地』も出版されている。芝園団地については、朝日新聞 Globe「特集　芝園団地に住んでいます　記者が住民として見た、「静かな分断」と共生」（二〇一八年六月一日）など。

＊5　法務省入国管理局の発表によれば、二〇一八年六月末の時点で、中長期在留者数（速報値）は二三一万一〇六一人、特別永住者数は三二万六一九〇人で、これらを合わせた在留外国人数は二六三万七二五一人となっている（前年末にくらべ二・九パーセント増加し、過去最高）。ちなみに、群馬県大泉市の外国籍住民の比率は一八パーセント、東京都に居住する二〇代の一〇人に一

人が外国籍である（総務省人口動態調査、二〇一八年一二月一一日発表）。http://www.moj.go.jp/nyuukokukanri/kouhou/nyuukokukanri04_00076.html

＊6　このエリアの新築マンションの予定販売価格の一例をあげれば、約七〇平方メートルの３ＬＤＫが二九八〇万円となっている。

＊7　［岡村 2011a］を参照。

＊8　『地理　特集：外国人と暮らす街』三九―三（古今書院、一九九四年）を参照。

＊9　団地は、団地以外の環境との分節化によってひとつの場所として規定される。そういった考え方は、ある社会内部の同質性だけでその社会を規定する方法には限界があるからだ［岡村 2003］。

＊10　性産業に従事する女性たちの実態を調査し多方面からのサポートに取り組む坂爪真吾は、そういった負のスパイラルをきわめて具体的に示している。坂爪は、彼女らを対象にした貧困対策として、福祉のセーフティネットがほとんど機能しないメカニズムを詳細に説明するなかで、派遣型性風俗における待機部屋が彼女たちの「居場所」となり、結果的に「お店」が共助的なネットワークを提供していることを指摘する［坂爪 2018］。

あとがき

戦後、高度経済成長の歩みとともにあった「団地」は、時代の象徴的存在のひとつであった。団地は私たちの社会の歩みの記録であり、現在の問題を映し出す鏡であり、未来を見通す羅針盤でもある。団地をはじめとする「私たちの場所」に張りめぐらされたローカルなネットワークと、ゆるやかに繋がるひとびとのコミュニケーション活動は、現代の都市社会で私たちが心地よく生きるために必要な資産といえよう。

本書を執筆していてつねに心のどこかに漂っていたのは、祖父母が経営していた甘味処の思い出である。保育園や小学校になかなか馴染めなかった私は、日中、東京下町に住む祖父母のところに預けられていた。

一階のお店にはいろいろなお客さんが出入りしていた。ご近所さんばかりでなく、仕事場を抜け出したサラリーマンや制服姿の高校生、テキヤの親分、艶っぽい女性、大きな背負子とともに現れる行商さん、昔は売れっ子だったという芸人さんや政治集会帰りのご婦人たち、女言葉や強いお国訛りで喋るおじさんたち、足をひきずったひとや目の見えないひともいた。彼らは小さな和菓子ひとつで、何時間も座っておしゃべりをしていた。

私は店の片隅のテーブルでお絵描きをしながら、そっと聞き耳をたてていた。やさしくて働き者の祖母と物知りでユーモアたっぷりの祖父が、あたたかいお茶をつぎ足しながら話し相手になっていた。お互いに深入りはしないが、ちょっとした愚痴や自慢話には相槌をうちながら、ゆるゆると会話が続く。「バリアフリー」とか「ダイバーシティ」といった言葉が一般的ではなかった時代だが、彼らは一通り喋りつくすと満足し、小銭を置いて帰っていく。そしてまた後日、お店に顔を出すのだ。

その店はもうない。写真や映像などの記録もほとんど残っていないが、そこでのささやかな交流と適度な距離感のネットワークが、どれほど都市に生きるひとびとの支えになっていたか、今になってようやくわかったような気がする。

本書は、これまでに書きためてきた、団地(松原団地)をテーマにした論文や研究ノートを再構成したものである。初出は以下のとおりであるが、それぞれ大幅に加筆し改稿した。

序　章　書き下ろし

第1章　「記号としての「団地」―羨望、忌避、偏愛―」『地域総合研究』第二号、獨協大学地域総合研究所(二〇〇九年)

第2章　「地域の記憶―獨協大学教職員への聞き取り調査から―」『マテシス・ウニウェルサリス』第一〇巻第二号(二〇〇九年)

「地域の記憶を記録する(調査報告)」『地域総合研究』第三号、獨協大学地域総合

研究所（二〇一〇年）
「駅名変更によせて―「松原団地」から「獨協大学前」へ―」『地域総合研究』第一一号、獨協大学地域総合研究所（二〇一八年）
第3章　「団地社会のネットワークとローカル情報」福永文夫、雨宮昭一、地域総合研究所編『ポスト・ベッドタウンシステムの研究』丸善プラネット（二〇一三年）
第4章　「「野ばら会」の歩みとこれから―山本洋子さんに聞く―」『地域総合研究』第八号、獨協大学地域総合研究所（二〇一五年）
終　章　書き下ろし

本書に掲載できなかった貴重な写真や資料がまだまだたくさんあるが、とりあえずは草加松原団地の記憶をこうして記録できたことに安堵している。

最後に、本書の完成にあたっては多くの方々の協力があったことを記しておきたい。ここでお名前を一人一人挙げることはできないが、インタビュー協力や写真提供に快く応じてくださったみなさん、草加松原団地自治会、見守りネットワーク、野ばら会、UR都市再生機構埼玉地域支社および本社、草加市社会福祉協議会、草加市役所（みんなでまちづくり課）、獨協大学地域総合研究所、同大学言語文化学科の同僚諸氏と二〇〇九―二〇一〇年度のゼミ生のみなさん、そのほか折に触れて資料提供をしてくれた方々に、心からお礼を申し上げたい。インタビューの後、本書の完成を見ることなくお亡くなりになった方々には、感謝の気持ちとともに哀悼の意を表します。
本書の編集を担当してくださった新泉社の竹内将彦さんは、企画の段階から内容や構成など細かいところにまで目を配り、「団地」にのめり込みすぎる私の筆致を客観的な目線で軌道修正してくれた。ありがとうございました。

二〇一九年一一月吉日

松原団地跡地を臨む研究室にて　岡村圭子

横山正明　2013『草加松原ルネッサンス』松風書房
米山昌幸　2014「伝右川の河川特性と地理的・社会的条件――伝右川の現地調査を中心として」獨協大学環境共生研究所『環境共生研究』第7号
米山秀隆　2018『世界の空き家対策――公民連携による不動産活用とエリア再生』学芸出版社
湯浅誠　2017『どうにかする、子どもの貧困』カドカワ新書
結城康博　2012a「社会問題としての孤独死」中沢卓実・結城康博編『孤独死を防ぐ』ミネルヴァ書房
結城康博　2012b「葬儀業者・検視医・遺品整理業者――予防と事後の取り組み」中沢卓実・結城康博『孤独死を防ぐ――支援の実際と政策の動向』ミネルヴァ書房

Z

ズーキン、シャロン　2013『都市はなぜ魂を失ったか――ジェイコブズ後のニューヨーク論』内田奈芳美・真野洋介訳、講談社（Sharon Zukin 2010 *Naked City: The Death and Life of Authentic Urban Places,* Oxford University Press）

田村紀雄　2007「「市民が所有する地域のジャーナリズム」思想の出現」田村紀雄・白水繁彦編著『現代地域メディア論』日本評論社
田中幹人・標葉隆馬　2012　「情報弱者——震災をめぐる情報の格差」『災害弱者と情報弱者——3・11後、何が見過ごされたのか』筑摩書房
立松和平　1983『遠雷』河出書房新社
多和田葉子　1998『犬婿入り』講談社
多和田葉子　1999「〈生い立ち〉という虚構」『カタコトのうわごと』青土社
照井啓太　2018『日本懐かし団地大全』辰巳出版
津田大介　2011「ソーシャルメディアが果たした役割——被災地を支える"当事者情報"の連携」自由報道協会編『自由報道協会が追った3.11』扶桑社
津田大介　2012『動員の革命——ソーシャルメディアは何を変えたのか』中公新書ラクレ
都築響一　2013『独居老人スタイル』筑摩書房
トゥアン、イー・フー　1992『トポフィリア——人間と環境』小野有吾、阿部一訳、せりか書房（Tuan, Yi-Fu 1974 *TOPOPHILIA: A Study of Environmental Perception, Attitudes and Values,* Prentice-Hall, Englewood Cliffs, New Jersey）

U

植田実　2004『集合住宅物語』みすず書房
上野千鶴子　2002『家族を容れるハコ　家族を超えるハコ』平凡社
上野千鶴子　2015『おひとりさまの最期』朝日新聞出版

W

若林幹夫　2004「都市への／からの視線」今橋映子編著『都市と郊外——比較文化論への通路』NTT出版
渡邊太　2012『愛とユーモアの社会運動論——末期資本主義を生きるために』北大路書房
渡辺哲雄　2015『認知症ストーリー・ケア』中日新聞社

Y

山下祐介　2012『限界集落の真実——過疎の村は消えるか？』ちくま新書
吉永健一　2009「団地は恋人——団地マニアにみる団地の愛で方」エネルギー・文化研究所『情報誌CEL』vol.88
吉永健一　2017「団地の見方をリノベーションする——戸建て育ちが団地の魅力にとりつかれたわけ」吉永健一・篠沢健太　2017『団地図解——地形・造成・ランドスケープ・住棟・間取りから読み解く設計志向』学芸出版社

パットナム、ロバート　2006『孤独なボウリング——米国コミュニティの崩壊と再生』芝内康文訳、柏書房（Putnum, Robert D. 2000 *Bowling Alone: the Collapse and Revival of American Community*, Simon & Schuster）
パットナム、ロバート　2017『われらの子ども——米国における機会格差の拡大』芝内康文訳、創元社（Putnum, Robert D. 2015 *Our Kids: The American Dream in Crisis*. Simon & Schuster）

S

斉藤雅茂　2013「高齢期の社会的孤立に関連する諸問題と今後の課題」日本老年社会学会『老年社会学』35（1）
坂爪真吾　2018『「身体を売る彼女たち」の事情——自立と依存の性風俗』筑摩書房
佐藤誠　1990『リゾート法』岩波書店
佐藤忠男　1993『大衆文化の原像』岩波書店
佐藤忠男　2002『映画の中の東京』平凡社ライブラリー
世相風俗観察会編　1986『現代風俗史年表』河出書房新社
祐成保志　2008『〈住宅〉の歴史社会学——日常生活をめぐる啓蒙・動員・産業化』新曜社
ニール・スミス　2014『ジェントリフィケーションと報復都市——新たなる都市のフロンティア』原口剛訳、ミネルヴァ書房（Smith, Niel 1996 *The New Urban Frontier: Gentrification and the Revanchist City*, Routledge）
レベッカ・ソルニット　2010『災害ユートピア——なぜそのとき特別な共同体が立ち上がるのか』高月園子訳、亜紀書房（Solnit, Rebecca 2009 *A Paradise Built in Hell: The Extraordinary Communities that Arise in Disaster*, Viking Adult）
草加松原団地自治会　2001『草加松原団地40年の歩み』（財団法人ハウジングアンドコミュニティ財団・まちづくり調査委託事業）
総務省　2010『平成22年版　情報通信白書』
総務省　2012a『災害時における情報通信の在り方に関する調査結果（概要）』
総務省　2012b『平成24年版　情報通信白書』

T

高木恒一　2012『都市住宅政策と社会——空間構造：東京圏を事例として』立教大学出版会
高木浩光　2019「個人データ保護とは何だったのか——就活支援サイト「内定辞退予測」問題が炙り出すもの」『世界』11月号、岩波書店
竹井隆人　2007『集合住宅と日本人』平凡社
竹中労　1964『団地　七つの大罪——近代住宅の夢と現実』弘文堂

西野淑美　2004「要介護化と都市の空間性――東京二世とその老親の関係性をめぐる事例群から」『年報社会学論集』（関東社会学会）17

O

小川千代子　2003『電子記録のアーカイビング』日外アソシエーツ
小川千代子　2007「残すということ」小川千代子ほか『アーカイブを学ぶ――東京大学大学院講義録「アーカイブの世界」』岩田書院
岡田晋　1981『映像学・序説――写真・映画・テレビ・眼に見えるもの』九州大学出版会
岡田一郎　2010「リゾート法と地域社会」『東京成徳大学研究紀要　人文学部・応用心理学部』第17号
岡檀　2013『生き心地の良い町――この自殺率の低さには理由がある』講談社
岡本奈穂子　2007「外国人保護者への支援の現状と課題――川崎市の諸例から」研究代表宮島喬『外国人児童・生徒の就学問題の家族的背景と就学支援ネットワークの研究』（平成16～18年度科学研究費補助金基盤研究B（1）研究成果報告書）
岡村圭子　2003『グローバル社会の異文化論――記号の流れと文化単位』世界思想社
岡村圭子　2009「記号としての「団地」――羨望、忌避、偏愛」獨協大学地域総合研究所『地域総合研究』vol.2
岡村圭子　2010「地域の記憶を記録する（調査報告）」獨協大学地域総合研究所『地域総合研究』vol.3
岡村圭子　2011a『ローカル・メディアと都市文化――『地域雑誌 谷中・根津・千駄木』から考える』ミネルヴァ書房
岡村圭子　2011b「地域総合研究所特別企画上映会――「海岸通団地物語」に綴られた暮らしの記憶」獨協大学地域総合研究所『地域総合研究』vol.4
岡村圭子　2012「東日本大震災直後のローカル・メディアの社会的役割――「わたしたちの場所」の情報と紙メディア」獨協大学地域総合研究所『地域総合研究』vol.5
オルデンバーグ、レイ　2013『サードプレイス――コミュニティの核になる「とびきり心よい場所」』忠平美幸訳、みすず書房（Oldenburg, Ray 1989 *The Great Good Place: Cafés, Coffee Shops, Bookstores, Bars, Hair Salons and Other Hangouts at the Heart of a Community,* Da Capo Press）
大島隆　2019『芝園団地に住んでいます』明石書店
大山顕、佐藤大、速水健郎　2012　『団地団――ベランダから見渡す映画論』キネマ旬報社
大山眞人　2008『団地が死んでいく』平凡社新書

P

朴承賢　2019『老いゆく団地――ある都営住宅の高齢化と建替え』森話社

高祖岩三郎　2010『死にゆく都市、回帰する巷——ニューヨークとその行方』以文社
江衛・山下清海　2005「公共住宅団地における華人ニューカマーズの集住化——埼玉県川口芝園団地の事例」『人文地理学研究』29
小池高史　2017『「団地族」のいま——高齢化・孤立・自治会』書肆クラルテ
近藤久義　2010「団地と境界問題」公団のまちづくり・住まいづくり技術の50年編集委員会『公団のまちづくり・住まいつくり技術の50年』URリンケージ
ケピング、クラウス・P　2002「リスクと宗教」岡村圭子訳、土方透＆アルミン・ナセヒ編『リスク——制御のパラドクス』新泉社（Köpping, Klaus Peter 2002 “Risk and Religion”）

M

馬飼野元宏　2007「映画の舞台となった団地」『僕たちの大好きな団地』洋泉社
増永理彦編　2008『団地再生——公団住宅に住み続ける』クリエイツかもがわ
増永理彦　2012『UR団地の公的な再生と活用——高齢者と子育て居住支援をミッションに』クリエイツかもがわ
松本由宇貴・宮澤仁　2012「草加松原団地における建て替えにともなう高齢者の社会関係の変化と居場所づくりの取組み」『御茶の水地理』51
松本康編　2004『東京で暮らす——都市社会構造と社会意識』東京都立大学出版会
南田勝也　2008「表現文化への視座」南田勝也・辻泉編著『文化社会学の視座』ミネルヴァ書房
三菱総合研究所　2012『災害時における情報通信の在り方に関する調査結果（最終とりまとめ）』
宮台真司　1997『まぼろしの郊外——成熟社会を生きる若者たちの行方』朝日新聞社
宮台真司　2004「『忘れられた帝国』（島田雅彦著）解説」今橋映子編『都市と郊外——比較文化論への通路』NTT出版
森千香子　2007「郊外団地と「不可能なコミュニティ」」『現代思想　特集：隣の外国人——異郷に生きる』Vol.35-7、青土社
茂木綾子　2017「巡る団地」東京R不動産編『団地のはなし——彼女と団地の８つの物語』青幻社
室谷正裕　1988「リゾート法の制定　総合保養地域整備法（六二・六・九公布 法律第七一号）」『時の法令』1326号

N

長井一浩　2012「民生委員——社会福祉協議会との連携」中沢卓実・結城康博編『孤独死を防ぐ——支援の実際と政策の動向』ミネルヴァ書房

ニケーション』NTT出版

I

飯田豊　2011「震災後の地域メディアをITはエンパワーできるか——道具的文化から表現文化へ」コンピューターテクノロジー編集部『IT時代の震災と核被害』インプレスジャパン

稲葉佳子　2006「外国人居住の現状と課題」日本住宅協会編『住宅』Vol.55

稲葉佳子ほか　2010「公営住宅および都市再生機構の賃貸住宅における外国人居住に関する研究——外国人居住への取組が行われる10団地を対象に」『日本建築学会計画系論文集』第75巻第656号

石巻日日新聞社編　2011『6枚の壁新聞——石巻日日新聞・東日本大震災後7日間の記録』角川マガジンズ

石田光規　2011『孤立の社会学——無縁社会の処方箋』勁草書房

石井光太　2011『遺体——震災、津波の果てに』新潮社

石山さやか　2017『サザンウィンドウ・サザンドア』祥伝社

岩田正美　2008『社会的排除——参加の欠如・不確かな帰属』有斐閣

J

ジェイコブス、ジェーン　2010『新版 アメリカ大都市の死と生』山形浩生訳、鹿島出版会（Jacobs, Jane 1961 *The Death and Life of Great American Cities,* Vintage）

K

河北新報社　2011『河北新報の一番長い日——震災下の地元紙』文藝春秋

菅野久美子　2019『超孤独死社会——特殊清掃の現場をたどる』毎日新聞出版

唐崎健一　2010「草加松原団地の設計」公団のまちづくり・住まいづくり技術の50年編集委員会『公団のまちづくり・住まいつくり技術の50年』URリンケージ

笠井信輔　2011『僕はしゃべるためにここに来た』産経新聞社

川本三郎　1994『映画の昭和雑貨店』小学館

木下光生　2017『貧困と自己責任の近世日本史』人文書院

倉橋透　2014「（インタビュー）空き家対策を契機としてまちをよくすることが重要——新たな住まい方を提案できなければ空き家は増えていく」プレハブ建築協会『JPA』vol.42

隈研吾ほか　2014『団地のゆるさが都市（まち）を変える。』新建築2014年7月号別冊、新建築社

小林啓倫　2011『災害とソーシャルメディア——混乱、そして再生へと導く人々の「つながり」』毎日コミュニケーションズ

ドンズロ、ジャック　2012『都市が壊れるとき――郊外の危機に対応できるのはどのような政治か』宇城輝人訳、人文書院（Donzelot Jaques 2006 *Quand la ville se défait: Quelle politique face à la crise des banlieues?*, Le Seuil）

ドーア、ロナルド・P　1962『都市の日本人』青井和夫・塚本哲人訳、岩波書店（R. P. Dore1958=1999 *City Life in Japan: A Study of a Tokyo Ward*, Routledge & Kegan Paul.）

Douglas, Mary 1992 *Risk and Blame: Essays in Cultural Theory*, Routledge

E

江上渉　1990「団地の近隣関係とコミュニティ」倉沢進編著『大都市の共同生活――マンション・団地の社会学』日本評論社

F

布施郡二　2011「大震災と私」草加市教育委員会『ふれあい 文芸草加』第27号

伏見憲明　2010『団地の女学生』集英社

H

博報堂生活総合研究所　2019『生活者の平成30年史――データでよむ価値観の変化』日本経済新聞出版社

長谷田一平　2015『フォトアーカイブ　昭和の公団住宅――団地新聞の記者たちが記録した足跡』智書房

橋本健二　2011『階級都市――格差が街を侵食する』ちくま新書

浜野佐知　2005『女が映画を作るとき』平凡社

原田謙　2017『社会的ネットワークと幸福感――計量社会学でみる人間関係』勁草書房

原田健一　2007『映像社会学の展開――映画をめぐる遊戯とリスク』学文社

原田信男　2008「映画のなかの性――戦後映画史における性表現と性意識の変遷」井上章一編『性欲の文化史　2』講談社

原武史　2007a「団地と私鉄」『僕たちの大好きな団地――あのころ、団地はピカピカに新しかった』洋泉社

原武史　2007b『滝山コミューン1974』講談社

原武史　2012a『団地の空間政治学』NHK出版

原武史　2012b『レッドアローとスターハウス――もうひとつの戦後思想史』新潮社

原武史　2019『増補新版　レッドアローとスターハウス――もうひとつの戦後思想史』新潮社

早川タダノリ編　2018『まぼろしの「日本的家族」』青弓社

速水健朗　2016『東京β――更新され続ける都市の物語』筑摩書房

本條晴一郎・遊橋裕泰　2013『災害に強い情報社会――東日本大震災とモバイル・コミュ

参考文献

A

Aldridge, Meryl 2007 *Understanding Local Media*, McGraw-Hill
雨宮昭一　2011「ポストベッドタウンシステムの構成と射程」（研究ノート）獨協大学地域総合研究所『地域総合研究』vol.4
青木俊也　2001「1章　団地・2DKの誕生」『再現・昭和30年代　団地2DKの暮らし』河出書房新社
浅羽通明　2008『昭和三十年主義——もう成長しない日本』幻冬舎

B

バーバー、ベンジャミン　2007『<私たち>の場所——消費社会から市民社会をとりもどす』山口晃訳、慶應義塾大学出版会（Barber, B.R.,1998, *A Place for Us: How to Make Society Civil and Democracy Strong*, Hill and Wang）
バルト、ロラン　1975「記号学と都市の理論」篠田浩一郎訳『現代思想』vol.3 no.10-11 青土社（Barthes, Roland 1971 “Sémiologie et urbanisme”, L'architecture d'aujourd'hui, 1970 december et 1971 janvier）
ブルデュー、ピエール＆パスロン、ジャン・クロード　1991『再生産——教育・社会・文化』宮島喬訳、藤原書店（Bourdiew, P & Passeron, J.C., 1970, *La Reproduction: éléments pour une théorie du système d'enseignement*, Minuit）
文屋俊子　1990「団地のイメージ」倉沢進編著『大都市の共同生活——マンション・団地の社会学』日本評論社

C

コーエン、アンソニー　2005『コミュニティは創られる』吉瀬雄一訳、八千代出版（Cohen, Anthony Paul 1985 *The Symbolic Construction of Community*, Routledge）

D

ディランティ、ジェラルド　2006『コミュニティ——グローバル化と社会理論の変容』山之内靖・伊藤茂訳、NTT出版（Delanty, Gerard 2003 *Community*, Routledge）
獨協大学地域総合研究所　2008『地域総合研究特集：獨協大学地位総合研究所開設記念シンポジウムポスト・ベッドタウン——大学と地域とともにめざす「知」の統合』創刊号

岡村圭子
おかむら・けいこ

1974年、東京生まれ
中央大学大学院文学研究科博士後期課程修了、博士（社会情報学）
獨協大学国際教養学部教授

専門

社会学（異文化間コミュニケーション）、社会情報学（ローカル・メディア）

主な著作

『グローバル社会の異文化論――記号の流れと文化単位』
（世界思想社、2003年）
『ローカル・メディアと都市文化――『地域雑誌　谷中・根津・千駄木』から考える』
（ミネルヴァ書房、2011年）ほか

団地へのまなざし
ローカル・ネットワークの構築に向けて

2020年1月15日　第1版第1刷発行

著者　岡村圭子
発行　新泉社
東京都文京区本郷2-5-12
tel 03-3815-1662
fax 03-3815-1422
印刷・製本　創栄図書印刷

ISBN978-4-7877-1926-3　C1036

ブックデザイン――堀渕伸治 tee graphics